八千草薫

山下清

宿帳が語る昭和100年

温泉で素顔を見せたあの人

山崎まゆみ

渥美清

潮出版社

黒澤明

岡本太郎

勝新太郎

目次

装幀・装画　南伸坊
文中写真　著者撮影、宿提供
ＤＴＰ　スタンドオフ

第1話

国民的アイドルのファンミーティング

――西城秀樹と猪苗代温泉「ホテルリステル猪苗代」

昭和が蘇るメロディー

明るくポップに「ヤングマン！」と、ハスキーボイスで歌い始める。アメリカの国旗をモチーフにした派手な衣装を身にまとい、シャツの第四ボタンまで開けて胸をさらし、胸元は汗と金のネックレスできらっと光る。細身のパンツから伸びた足はすらりと長く、両腕でＹＭＣＡと踊る姿はダイナミックでエネルギッシュ。バックダンサーの若い女性たちも花を添える。

西城秀樹は目も眩《くら》む輝かしいステージを作りあげていた。

いまの五十代以降の方々ならば、誰もが秀樹がＹＭＣＡを踊る姿が脳裏に焼き付いているだろう。

かくいう私も小学生の頃、友達と秀樹を真似《まね》て、四六時中お祭りのような楽しい気持ちになった。それはいまも同じで、メロディーを口ずさめば元気が出るし、いつも上へと向かっていく、勢いがあったあの昭和が蘇る。

猪苗代駅（福島県）から車で一〇分程。のどかな田園風景の先に、エレガントなラインをした大型ホテル「ホテルリステル猪苗代」が見えてくる。

山を背負っているかのような見事な景観と洒落《しゃれ》たデザインのホテルに、「わ～」と期待の声が漏れてしまう。

私が訪ねた日は好天に恵まれ、標高六〇〇メートルに位置するホテル周辺を歩けば、淡い緑とそよぐ風が心地よかった。

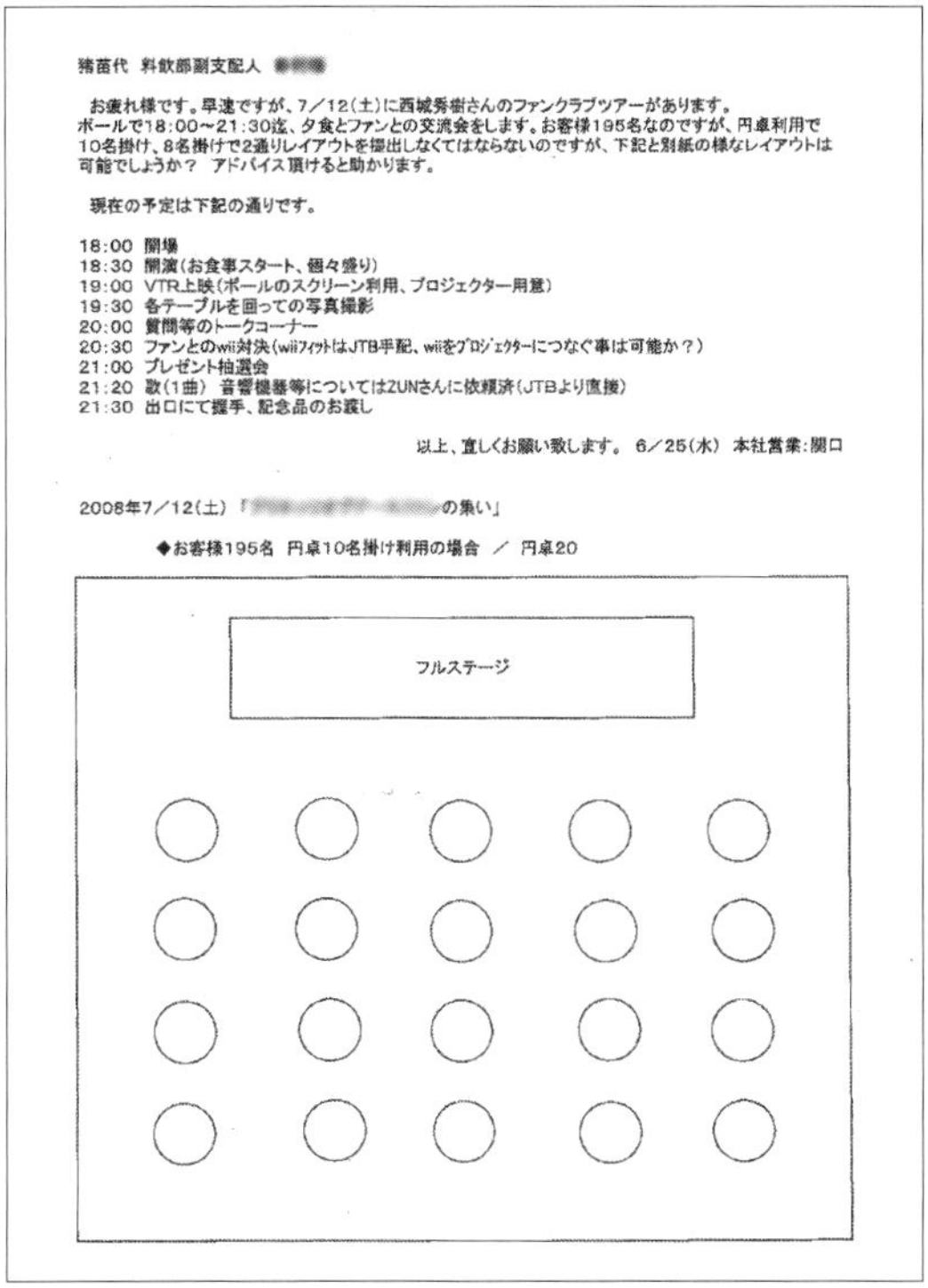

猪苗代　料飲部副支配人　[redacted]

お疲れ様です。早速ですが、7／12（土）に西城秀樹さんのファンクラブツアーがあります。
ボールで18:00～21:30迄、夕食とファンとの交流会をします。お客様195名なのですが、円卓利用で10名掛け、8名掛けで2通りレイアウトを提出しなくてはならないのですが、下記と別紙の様なレイアウトは可能でしょうか？　アドバイス頂けると助かります。

現在の予定は下記の通りです。

18:00　開場
18:30　開演（お食事スタート、個々盛り）
19:00　VTR上映（ボールのスクリーン利用、プロジェクター用意）
19:30　各テーブルを回っての写真撮影
20:00　質問等のトークコーナー
20:30　ファンとのwii対決（wiiﾌｨｯﾄはJTB手配、wiiをﾌﾟﾛｼﾞｪｸﾀｰにつなぐ事は可能か？）
21:00　プレゼント抽選会
21:20　歌（1曲）　音響機器等についてはZUNさんに依頼済（JTBより直接）
21:30　出口にて握手、記念品のお渡し

以上、宜しくお願い致します。　6／25（水）　本社営業：関口

2008年7／12（土）「[redacted]の集い」

◆お客様195名　円卓10名掛け利用の場合　／　円卓20

ファンミーティング当日のスケジュール（関口聡司さん提供）

平成二十（二〇〇八）年七月十二日――。

西城秀樹ファンミーティングの参加者一九二名が乗った大型バスが、ここ「ホテルリステル猪苗代」に到着した。風光《ふうこう》明媚《めいび》なこの山岳リゾートでファンミーティングが開催されたのだ。

秀樹は前夜にホテルに入った。開催当日の

昼過ぎには、通常はビュッフェ会場となる広いスペースがファンミーティング用に設営された。秀樹は午後に音合わせ。準備は順調に進められた。

開場は十八時、開宴は十八時半。

「ヒデキ～」とファンの熱いコールに応え、シックなグレーのスーツ姿で秀樹が登場。ファンが着席する各テーブルを回り記念撮影。皆で懐かしむ往年の写真のスライドショー、ゲーム大会、ファンからの質問コーナー、プレゼント抽選会と続き、最後は秀樹がバラード「青春」を歌った。終了後は、会場の出口に秀樹が立ち、ファンと握手をして送り出し、二十一時にはすべてを終えた。

参加したファンにとっては感極まる、夢のようなひと時だったろう。

印象に残る「反省会」の様子

当時、「ホテルリステル猪苗代」で、ファンミーティングの受け入れ準備や、当日の秀樹のアテンドを担当した関口聡司《さとし》さん（現・ホテルリステル新宿）が思い起こす。

「西城さんを会場に案内するために、私たちスタッフが利用する裏動線を使いました。女性スタッフなどは『あ、ヒデキ！』と、あまりの驚きで表情が固まった人、群がろうとする人もいました。でも西城さんはまったく気にされず、真っすぐ向かい、集中されている

様子でした」

　この日、関口さんの最も記憶に残っているエピソードは、意外にもファンミーティングが終わってからのことだ。

「私も会場にいましたが、お客様はとても喜んでいましたし、大成功に見えましたが……」

と、明言したうえで、

「その晩、西城さんがスタッフ一〇人ほどを集めて、ずっと反省会をされていたんです。西城さんが『あの時はこうすればよかった。ああすればよかった』と振り返っていました。私は、翌朝の準備がありまして、西城さんの朝食は和食か洋食かを確認したかったのですが、あまりに真剣な話し合いで、とても割って入れる雰囲気ではありませんでした。結局、朝食のご希望を聞けたのは二十三時過ぎで、知らせを待っていた料理長に『遅すぎる！』と怒られたことを覚えています」

　ちなみに、その朝食メニューを料理長に尋ねたところ、先づけから生物、煮物、焼き物、鍋物、生野菜、食事、デザートと続く和食のフルコース。福島名物の烏賊《いか》人参《にんじん》やにしん山《さん》椒《しょう》漬け、初夏に美味しくいただける喜多方《きたかた》産のアスパラガスや、会津地鶏の水炊きなど、名産品の数々を秀樹は客室で摂った。

　西城秀樹といえば、「YOUNG MAN（Y.M.C.A.）」（昭和五十四年）を筆頭に、「傷だらけのローラ」（同四十九年）「ギャランドゥ」（同五十八年）と、誰もが口ずさめるヒット

曲が多く、また向田《むこうだ》邦子が脚本を書いた、昭和を代表するホームドラマ「寺内貫太郎一家」（TBS系列）にも出演した、いわば国民的アイドルにしてスターである。

一方で脳梗塞を繰り返し、闘病生活を強いられたことでもよく知られている。

一度目の脳梗塞は平成十三（二〇〇一）年秋。二度目は同十五（〇三）年にコンサートを行った韓国で発病し、数年の闘病を経て、同十八（〇六）年に復帰している。三度目となる同二十三（一一）年の発症で右半身麻痺《まひ》と言語障害が残り、懸命な闘病生活を送った。実は平成八（一九九六）年には糖尿病と診断されており、隠れ脳梗塞は八回起きていたと伝えられる。

こうした闘病生活を最も身近で支えていた妻の木本美紀氏は著書『蒼《あお》い空へ　夫・西城秀樹との18年』でその様子を詳細に、心を込めて綴っている。

また秀樹がファンからの手紙を必ず持ち帰り、一通一通丁寧に読むほど、ファン想いだったことも記されている。

それを裏付けるかのように関口さんも「西城さんはファンの方に囲まれてリラックスしていたように見えました。嬉しかったんじゃないですかね」と語る。

一泊二日のファンミーティングは、翌日にも催しがあった。ホテルから五〇〇メートルほど離れた、とんがり屋根のバンガロー風バーベキューハウス「ロガーズ」で、ファンはバーベキューをしながら秀樹を待った。

そこにカーキ色のジャケット、胸元に刺繍《ししゅう》が入った白いシャツ、ジーパンというカントリー風の軽快な装いで秀樹が現れた。

さらに「皆さんにカレーを用意しています！」と会場に流れるアナウンスでファンがどよめいた。

なんと、秀樹が朝早く起きてカレーを作ったというではないか。

関口さんが教えてくれた。

「西城さんがホテルの厨房でカレーの準備をしました。うちの料理長が玉ねぎ、ジャガイモ、人参、福島銘柄のえごま豚を煮込んでベースを作り、最後に西城さんがバーモントカレーのルーを入れて完成させました。味見もされて、仕上げていましたよ」

寸胴《ずんどう》の鍋を使い、大きな木べらでファン二〇〇人弱が食すカレーをかき混ぜながら、

「秘密はりんごとはちみつ」と微笑んだ秀樹。どこまでもサービス精神旺盛である。

「お客さま、おひとりおひとりに言葉をかけながら手渡されていました。長蛇の列ができましたが、皆さん満足されていました」

ファンミーティングが開催された時、秀樹は五十三歳で、二度目の脳梗塞から完全復帰していたと思われていた。

深夜に及ぶ反省会は仕事への真摯な姿勢を表す逸話だが、その根底には、自分だけが知

るもどかしさもあったのではないか。

エネルギーとオーラで圧倒した、あの若かりし頃の自分と比べれば、到底、かなわない今の自分でもファンは喜んでくれている。だが、それでよいのか。以前のようなパワーを取り戻すことは、もはやできないのか――。

そのような葛藤は、ファンミーティングを取材して五分程にまとめた当時のニュース映像からも垣間見える。

参加したファンは「興奮して眠れないかもしれない」と嬉々《きき》としているが、秀樹は「二〇年、三〇年っていう間のなかで、一緒に歩んできたんだなって。歩んできた人たちとの小さな会なんだ」と、ファンのテンションとは大きく異なり、どこか達観して語っている。

平成三十（二〇一八）年五月に六十三歳で亡くなってから六年が経つが、いまもX（旧ツイッター）で「#《ハッシュタグ》西城秀樹」がしばしばトレンドに入る。秀樹はいまも多くのファンの心に生きている。秀樹もあの世でファンのことを想っているだろう。秀樹とファンの相思相愛の密なる関係は永遠に続くのだ。

秀樹が「木本龍雄」に戻る瞬間

「秀樹カレー」をふるまって、ファンミーティングが大盛況に終わり、「ロガーズ」から

カラマツが立ち並ぶ緩い坂を下りながら、秀樹はホテルに戻っていった。

「後日、西城さんが『家族を連れてきたい。今月末に予約を入れてほしい』とおっしゃっていると連絡が入りまして、西城さんが使われた部屋をおさえました」と関口さんが話す。

西城秀樹が滞在したロイヤルスイート3822号室（宿提供）

大切なファンに心を尽くした秀樹が、すべてのミッションを成し遂げて緊張が解けた時、西城秀樹から木本龍雄《たつお》（本名）に戻ったのだろう。子煩悩《こぼんのう》であり、愛妻家だった木本龍雄はこの美しい山岳リゾートに愛する家族を連れてきたくなったのだ。

事実、その後、西城秀樹はゴルフに、スキーにと幾度も家族とともに訪れている。

ファンミーティングでも、家族との旅行でも、秀樹が滞在したのはウイングタワー最上階となる一八階エグゼクティブフロアの一番奥の角部屋「ロイヤルスイート３８２２号室」だった。

いまの天皇・皇后両陛下も皇太子・皇太子妃の時に宿泊されたという一五四平米の部屋は、テーブル

とソファーを備えた広いリビングと二台のベッドが置かれた寝室で構成される。

猫足のテーブルといった家具類や、重厚感あるクラシカルな柄のソファーやカーテンなど、客室全体の雰囲気はヨーロピアン調。

そのカーテンを開けると、手前には猪苗代の町並み、その先に猪苗代湖が眺められる。右手奥には磐梯山《ばんだいさん》が聳《そび》え立つ。

深く沈むソファーに座ると、猪苗代湖の先はまるで地平線のようにまあるく見える。

客室につくバスルームからの眺めもよく、右手に磐梯山、左前方に猪苗代湖が広がる。ただし残念ながら、バスルームに温泉は引かれておらず、猪苗代温泉に入るには大浴場に行くしかない。

ファンミーティングの時は温泉に入れなかったので、きっと西城秀樹は木本龍雄として子どもたちと大浴場へ向かい、温泉を楽しんだに違いない。

西城秀樹（さいじょう・ひでき）
本名：木本龍雄《きもとたつお》
昭和30（1955）年4月13日〜平成30（2018）年5月16日

第2話

「女将、来年は雪を降らせておいてね」

――志村けんとあわら温泉「べにや」

いまも国民の心に生き続ける人気者

はにかみながら旅館に入ってくる志村けん。その姿はテレビ番組で見せる賑やかなイメージとは対極で、決して目立つことはなかった。

令和二（二〇二〇）年三月二十九日。新型コロナウイルスによる肺炎のため、志村けんが亡くなったニュースは日本中を震撼《しんかん》させた。いまも国民の心に生きる志村けんは、二〇年にもわたり、毎年、お正月に福井県あわら温泉「べにや」を訪れた。

志村けんの定宿「べにや」は、明治十七（一八八四）年創業。手入れが行き届いた三〇〇〇平米の日本庭園を囲む二階建ての建築物は、国の登録有形文化財に指定されていた。その風情ともてなしは志村けんだけでなく、多くのお客をとりこにし、北陸の名旅館として名を馳せた。

それが平成三十（二〇一八）年五月五日昼、火災が起きた――。

火元は二階の宴会場の屋根裏。漏電ではなく、小動物が配線をかじり、火花が飛んだのではないかとされている。この日は、西から強い風が吹き上げ、火をあおり、東西方向に建つ宿を燃やしていった。

「ただ燃えていく建物を見守るしかなかったです。炎の勢いがすごく、こんなに燃えてし

まうのかというぐらいの全焼でした」と女将の奥村智代《ともよ》さんが思い出す。

幸い、人的被害はなかったが、残ったのは庭と「べにや」の看板、「べにや」シンボルの椎《しい》の木、別の場所に所蔵していた調度品のみだった。

「べにや」の火災は旅館業の皆が胸を痛めたし、本当に再建できるのかと心配した。

旅館はただの建物ではない。

お客とともに育み、磨き上げてきた魂が宿る。その建物を一日にして失う。それも、心の準備もなく。どれほどの大きな喪失感だっただろう。

「どうしよう……という迷いもありました。ただ火災が起こった日は偶然にも昭和三十一（一九五六）年の芦原《あわら》大火後に『べにや』を再建した祖父の命日でしたし、祖父からの『がんばれ』というメッセージではないかと受け止め、同じ場所で旅館をやりたいと決意しました」と当時の心情を話す奥村隆司《たかし》社長。

さらに奥村社長と女将の背中を押した要因が二つある。

まず温泉の源泉。奥村社長は「源泉は使えるままの状態で残りました。あぁ、源泉があればもう一度、この場所でまた宿ができると決意を強くしました」。

次に「べにや」を愛したお客の声だった。

「二〇〇〇通ものお便りが届きました。私どもの宿をこんなにも愛していただいていたのかと、驚きました」と女将はうっすら涙を浮かべた。

その無数の励ましの声のひとつが志村けんからの一本の電話だった。志村けんは毎年「べにや」に宿泊していたが、帰る時に翌年の予約を入れていたので、これまで一度も電話をしてくることはなかった。

志村けんが初めて「べにや」に電話をかけてきたのは令和元（二〇一九）年十一月十八日。

「どう？　再建は進んでる？　必ず一番最初に行くからね。お正月を待たずに行くからね。身体に気を付けて、頑張ってね」

短い電話だったが、再建にさまざまな不安を抱えていた奥村社長と女将の心に届いた。

新型コロナの影響で建材が入手しにくくなり、新たな壁が立ちはだかるも、強い思いで突き進んでいく。

予約の仕方にも気遣いが

志村けんが最初に「べにや」を訪れたのは、平成十二（二〇〇〇）年頃。福井県在住の知り合いに連れられて来た。その翌年から、毎年一月三日か四日にやってきては、三～四泊滞在した。

到着すると、いつもの「呉竹《くれたけ》」の部屋に入った。

「ほとんどの時間をお部屋で過ごされ、ご到着前に浴衣数枚と丹前、バスタオルなどを一

通り用意しました。

志村さんがお好きな焼酎に、福井が誇る酒蔵「黒龍《こくりゅう》」の石田屋、二左衛門、そしてグラス、氷もお部屋のテーブルに置き、いつでもお楽しみいただけるようにご用意しました」

「呉竹」の部屋から庭を眺める

と、女将は酒好きだった志村のことを語った。

日中は酒を飲み、温泉に入ることを繰り返し、夕方になると、不精髭を生やしたまま浴衣と丹前で温泉街を散歩に出かけた。

「志村さんはお戻りになると、にこにこしながら『気づかれなかったよ』『二度見されたけど、誰も声をかけてこねぇよ～』などとおっしゃり、あわらの人の反応を楽しんでいました」

「べにや」は客室で食事を摂る。志村けんの部屋の係は、いつもベテランのあい子さんだった。冬の名物の越前ガニを用意するあい子さんに、志村は酒を片手に自身が出演するＴＶ番組を観ながら語りかけた。

「この放送ね、こう流れたけど、もっとこっち

からも、あっちからも撮っていたんだ。もっとこう編集したほうが良かったんじゃないかと思うんだな、どう思う？」

「そんな細かいこと、素人にはわかりませんよ」

「でもね、このほうが良かったんじゃないかな……」

「専門の人に任せておけばいいのよ」

「そうかな……」

あい子さんは志村けんに対して特別扱いはしなかったし、さばけた性格のあい子さんに親しみを覚えたのだろうか、いつも自分の仕事について率直な意見を求めた。

志村けんは自著で自らを「職人」と呼ぶ。旅館で寛《くつろ》いでいても、四六時中仕事のことを考えていたとは、その気概に驚かされる。

仕事で福井や石川に来た時も、「僕たちはチームで動いているから、和を乱さないように」と、〝ついで〟に立ち寄ることはなかった。

こんな職人気質《かたぎ》の志村けんだが、「べにや」では子ども好きの一面を見せた。

「うちの子どもたちを本当に可愛がってくださいました」と、女将が見せてくれた写真には、志村けんと子どもたちがじゃれあう姿がある。

「うちの四人の子どもにお年玉を下さいました。名前を入れたぽち袋まで用意してくださったんですよ。部屋に呼ばれたり、ロビーで渡されたり、子どもたちも、もう大喜びです」

女将はさらに志村けんの人柄を語り続ける。

「志村さんはご自分のことはご自身でやられましたが、仮に私に何かを頼まれたとしても、『俺のことを先にやって』とおっしゃる方ではありませんでした」

「べにや」の奥村夫妻の子供たちと志村けん（宿提供）

混みあう年末年始ではなく、少し落ち着く一月三日か四日に来ることにも、志村けんらしい気遣いが表れている。

「うちでお正月を過ごすことを恒例とし、楽しみにしているお客様に割って入り、予約されるようなことはありませんでした」

決して無理を言わない志村けんが、唯一、女将に頼んでくることがあった。

「お帰りになる時に、必ず私に『女将、来年は雪を降らせておいてね』とおっしゃるんです。私が『はい、かしこまりました』と申しますと、安心したように微笑まれました。お部屋から眺める庭がお好きでした。冬は雪吊りをするんですよ」

志村けんは、翌年の予約を入れて帰った。

「志村さんは毎年、年末になると麻布十番の『豆源《まめげん》』から詰め合わせを贈ってくださいました。それはそれは大きな段ボールで（笑）。『お正月明けには行くからね』という合図でした」

なんて愛嬌がある人なのだろう。

再建された現在の「べにや」

平成三十（二〇一八）年五月に全焼した「べにや」が再建したのは令和三（二一）年七月。三年以上の時間を要した。そして同二（二〇）年三月に亡くなった志村けんがふたたび「べにや」に来ることはなかった。あれほど「べにや」再建を心待ちにしていたのに――。

私が「べにや」を訪ねたのは、令和四（二二）年、関東が梅雨入りした日。あわら温泉では小雨が降り、空気中の埃を洗い流し、大気が潤っていた。

再建された玄関の庭先に、焼失を免れた「べにや」の看板が掲げられてあった。飛び石を渡り、上がり框《がまち》で靴を脱いで館内に入る。真新しい畳が心地よく、ロビーからは火災から残った庭が見えた。

新しい「べにや」は平屋で、個性ある一七室が作られた。以前からの庭を囲むように客

室が並び、庭の見え方は部屋ごとに異なる。

　ロビーのすぐ横には調理場がある。調理場はガラス越しに中が見えるようになっており、奥では料理人が神経を研ぎ澄ました表情で仕事をしていた。

「再建にかかるお金や旅館経営を考えたら二階建てにして、もう少し客室を作り、効率的な方が良いのではないかと悩みました。でもそれぞれのお部屋でお食事を楽しんでいただきたかったですし、料理を運びやすいようにと調理場を客室の近くに設けました」と女将が話す。加えて、全客室に温泉を引くために、温泉の湧出量に見合う部屋数にしたことも理由に挙げられる。奥村夫妻には「日本の旅館文化を守りたい。子どもたちの記憶に、旅館体験を残したい」という純粋なまでの想いがある。

　部屋に籠る志村けんが仕事人の顔を見せたのも、食事を運ぶあい子さんとの会話だ。

　女将は「お客様は家族同様に考えています」と語る。その気持ちがお客に伝わり、再建を促す二〇〇〇通もの応援の手紙となったのだ。志村けんもまた、「べにや」の子どもたちには「気さくなおじさん」という存在だったのだろう。

「芸能人の皆さんの多くは、お正月にはハワイに行かれますよね。志村さんはなぜうちをお選びいただいたのでしょうかね」と女将は不思議そうにするが、奥村夫妻の確固たる旅館イズムに、職人気質の志村けんが共鳴したのではないか。

　新生「べにや」の「呉竹」は、火災前の「呉竹」とほぼ同位置に再建されたので、志村

けんが眺めた庭がそこにある。

「呉竹」の座敷に座る。雪見障子を開けると庭が見渡せた。もっこりとした苔の上に、椎の木や松や青紅葉の木々が生き生きと茂る。木々の葉には雨の粒がしたたり、葉が潤いを得てワントーン明るく見えた。

木造建築だからこそ、雨がしたたり落ちる音は優しく響き、窓を開ければ、風が通り抜けた。木と土壁の匂いが鼻孔をくすぐった。木造建築の独特の香りからも、女将が守ろうとする「日本旅館」を体感できた。

志村けんは、どれほど完成を待っていただろう。どれほど来たかっただろう。

ふと、「呉竹」で、志村けんがにこにことしながら様子を見に来ている気配がした。

ねえ、志村さん。

「べにや」は前を向いて頑張っていますよ。

志村けん（しむら・けん）
本名：志《し》村《むら》康徳《やすのり》
昭和25（1950）年2月20日〜令和2（2020）年3月29日

第3話

夢千代たちがはしゃいだ深夜の洗濯

——樹木希林、吉永小百合と湯村温泉「朝野家」

名作「夢千代日記」が撮影された温泉

雪深い、山陰の小さな温泉地――。

「今なら大浴場に行けるよ、行こうか」

樹木希林《きききりん》は悪戯《いたずら》っぽくスナックのママを誘った。

「いいな〜、大浴場に行けて」

横にいた大女優・吉永小百合《さゆり》は、人目を気にして同行せず、二人を見送った。

スナックのママはこう回想する。

「大浴場は誰もいなくて、二人で温泉に入り、背中を流しあいました。希林さんの肌はとても綺麗でした」

湯からあがって脱衣所で洋服を着ている時、ふと、樹木希林が呟《つぶや》いた。

「この前ね〜、お母さんの下の毛に白髪を見つけたの。私たちも年を取ると出てくるのかね」。当時三十代で、樹木希林より三つ年下のママは「私らは、まだ若いから、そんなこと考えんでいいんよ」と返した。

名脇役で名を馳せた樹木希林とスナックのママとの、なんとも心の距離の近さを物語る〝裸の付き合い〟である。

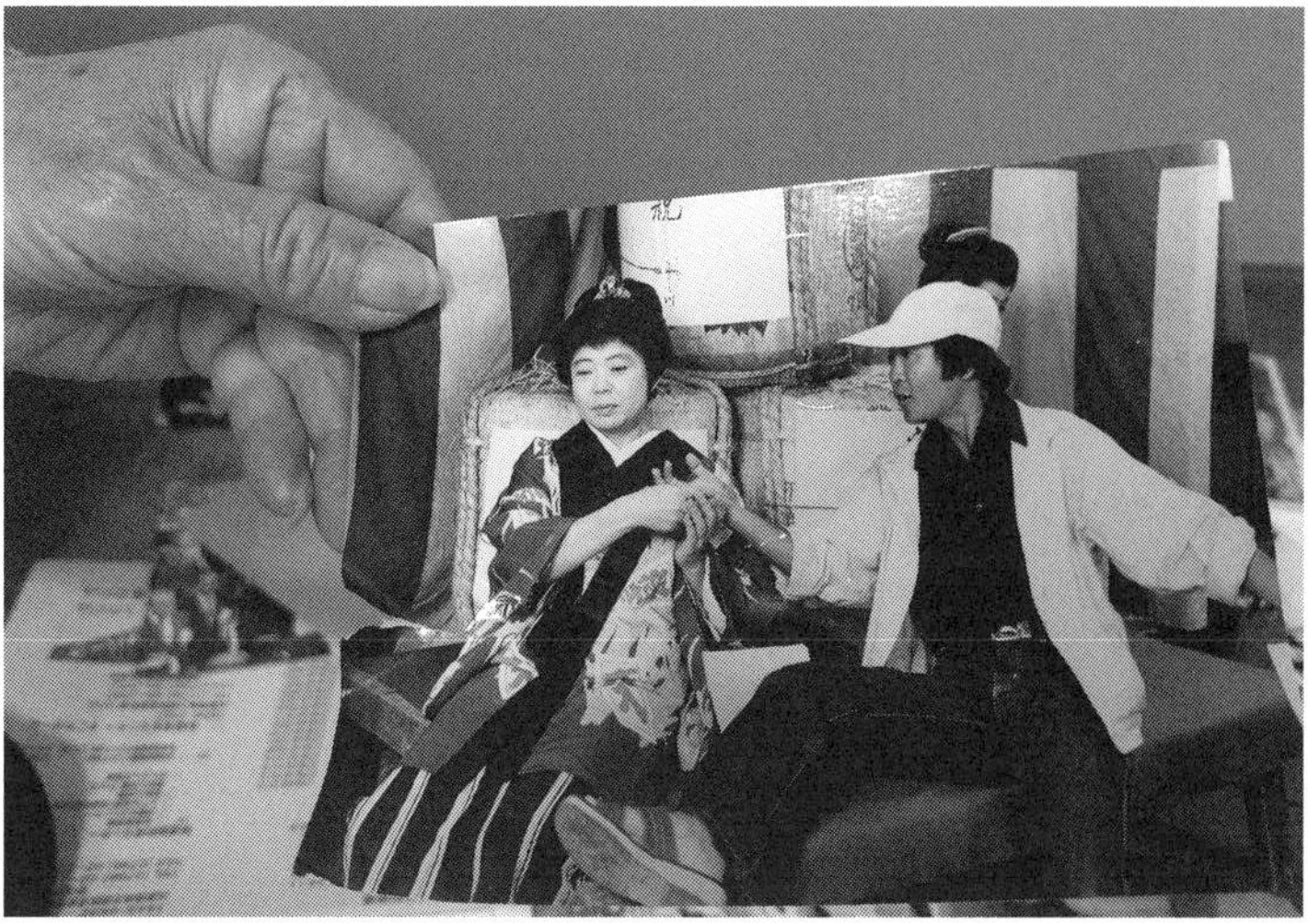

谷口さんが見せてくれた「菊奴」を演じる樹木希林の撮影中の一コマを映した写真

昭和五十六（一九八一）年からＮＨＫでドラマが三部作として放映され、映画化や舞台化された「夢千代日記」は、昭和を代表する名作のひとつだろう。

広島の原爆で胎内《たいない》被爆《ひばく》した吉永小百合演じる主人公・夢千代が、雪深い温泉街で芸者置屋「はる家」の主として、また自身も芸者として奮闘する日々を描く。物語は白血病を発病し、余命半年の告知を受ける場面から始まり、夢千代の〝消え入りそうな〟儚《はかな》さを吉永小百合が好演している。それに対して、樹木希林扮する芸者・菊奴《きくやっこ》は夢千代を「お母さん」と慕い、コケティッシュな魅力を振りまいて、観ている者の救いとなっている。

そんな「夢千代日記」は、ＮＨＫドラマ

も東映の映画も、雪深い山陰の小さな温泉地・兵庫県湯村《ゆむら》温泉で撮影されている。

樹木希林と背中を流しあったというスナックのママとは、出演者やスタッフが宿泊した「湯村観光ホテル（現・朝野家《あさのや》）」の地下に併設されていたスナック「古城」の谷口佐智子さんのこと。夕食を終えると、樹木希林、吉永小百合をはじめ、名取裕子、田中好子《よしこ》といった出演者だけでなく、作・脚本の早坂暁《はやさかあきら》もスナック「古城」に通った。「夢千代日記」の撮影チームにとって、佐智子ママは心許せる存在だった。

スナックママが語る樹木希林

数多《あまた》の著名人との交流があったという佐智子さんは、スナックの夜の営業時間以外にも、モーニングコーヒーのサービスもしていた。出演者からオーダーが入ればコーヒーを部屋に持っていき、客室で話し込んだ。撮影中は一日一七時間もホテルでもてなしていたこともあり、佐智子さんは錚々《そうそう》たるスターの素顔を見てきた。その中でも、「希林さんはあのまんま。裏表がない人で、喋り方も、テレビのあの通りなんですわ。私は大好きやった。大切な友人です」と、樹木希林との交友を語る。

「希林さんは、ファンからもらった柿を『これ、持っていかない？』って、私やスタッフに振る舞ってくれました。いただきものを独り占めするようなことはなく、いつも周りの

人に気を遣っていましたよ」

一見、ざっくばらんなようでいて実は細かく気配りをする様は、樹木希林を評する際によく語られる。また、器用な一面も話してくれた。

「希林さんは、共演した女優さんからもらった仕立てのいい服を、自分で手直ししていてね。『これ、自分で縫ったのよ』って見せてくれたことがあったけど、『ここは見ないでね〜。裏と表を間違えて縫っちゃった』って、その部分をつまんで見せてくれました。裏だと思い込んで縫ったら表だったみたい」

周囲に笑いを振りまくのは、イメージ通りの樹木希林だ。

映画（昭和六十年公開）の冒頭、スキー場で着物姿の芸者たちがスキーをする場面がある。

「寒い日の撮影で、希林さんは足袋《たび》にカイロを入れてたわ。着物の下に洋服を着て、穿いているパッチ（ももひき）を、わざわざ私に見せてくれました。そのパッチは男性もので、『社会の窓』を縫ったんだって（笑）」

飾らないエピソードの数々を楽しそうに語ってくれる佐智子さんは、樹木希林が持つ〝母の顔〟の一面を思い出す。

「初めて湯村で撮影した時のことでした。『東京で面倒を見てくれる人がいなかった』と、お嬢さんの也哉子《ややこ》さんを連れて来ていました。也哉子さんはおとなしくてね、言葉遣いが

丁寧でお行儀がよくて。お母さんが鏡台の前に座ると、そこでお絵描きをしていたのに、すっと遠くに行く。お母さんの仕事が始まるってわかっているんです。希林さんの教育が行き届いているんだなって思いました」

佐智子さんが最も興奮して回想したのが深夜の「洗濯」だ。

「私ら地元の者は、湯村温泉の源泉『荒湯《あらゆ》』に行って、温泉で洗濯をするんです。小百合さんも希林さんも、撮影の合間にその様子を見てはったんでしょうね。二人が『荒湯で洗濯をしてみたい』って言うんです。希林さんは『也哉子ちゃんのズック（靴）を洗いたい』とおっしゃるんで、夜中なら誰もいないと思って、スナックの営業時間を終えて、零時半くらいから三人で洗濯しに行きました。希林さんには私がブラシを貸してあげたんですよ。

小百合さんも岩の上でごしごし洗われていたんですが、しばらくして、『こんなにぼろぼろになったわ～』って、シルクの下着を見せてくださったの。希林さんも私も、まさかここでシルクの下着を洗うとは思ってないじゃない。二人で顔を見合わせて、もう大笑い。三人できゃっきゃっと大騒ぎでしたわ。滞在は三〇分くらいやったかな……、『荒湯』は地熱で暖かいから深夜でも全然寒くないからね」

湯村温泉は汚れを洗い流す成分である重曹を含む泉質で、皮脂や肌の角質も取るが、洗濯に使えば漂白効果を発揮する。

っていたわ」と、佐智子さんは遠くを見つめた。

地元の住民たちが日常的に食材を茹でにくる荒湯の「湯つぼ」

天然のスチームサウナ「荒湯」

旅館と土産物屋が並ぶ湯村温泉街の真ん中に、春《はる》来《き》川《がわ》が流れ、赤い欄干の温泉橋が架けられている。その橋のたもとに、湯けむりあがる一帯が「荒湯」だ。

三人が洗濯した「荒湯」に立つと、九八度の源泉からもうもうとした湯けむりが立ち上り、乾燥した肌に「じゅわっ」と温泉成分が沁み、前髪が濡れた。天然のスチームサウナの温もりには、極寒の冷えなど忘れてしまう。

湯村温泉を開湯《かいとう》した慈覚《じかく》大師とお薬師様が祀られ、その前に卵や野菜、山菜等を茹でることができるいくつもの「湯つぼ」がある。

かつて洗濯をした場所には足湯が新設されたため、洗濯はできなくなっていたが、「荒湯」前の売店で購入した卵と甘酒を「湯つぼ」に入れた。一〇分経過した頃、茹であがった卵を湯からあげ、熱々の甘酒と一緒に頬張ると、ドラマや映画の「荒湯」のシーンが思い浮かんだ。温泉橋の赤い欄干は古びたものの、「荒湯」の作りは映像とまったく変わっていない。つい、夢千代や着物姿の樹木希林が前を通らないかと待ってしまった。

「ケの温泉」ならではの裸の付き合い

湯村温泉はいわゆる「ハレの温泉」ではなく、「ケの温泉」だ。

一〇〇〇人程が暮らす半径四〇〇メートルの小さな温泉地に、源泉が六三本もあり、そのうち八〇パーセントしか使っていない。民家にも配湯していて、佐智子さんの家はお風呂だけでなく、洗面台や洗濯場等七つの蛇口を開ければ温泉が出てくる。水道料金より安いというから、ここで暮らす人の日常に温泉は当たり前の存在だ。このような「ケの温泉」で暮らす人たちの生活の豊かさや素朴さは、生き馬の目を抜く芸能の世界で過ごす樹木希林と吉永小百合には新鮮に映り、心惹かれたのではないか。

樹木希林と佐智子さんの付き合いは続いた。

撮影を終えてから一五〜六年たった頃、樹木希林から佐智子さんに「私の古着ですが着

てください」とだけ書かれた自筆の手紙と、着物が送られてきた。

「紫色と黒の縦縞の着物でした。袖が少しほつれていましたからね、着ていたものですよ。嬉しくて、桐箪笥《だんす》の中にしまってあります」とほほ笑む佐智子さん。

樹木希林は度々電話もかけてきたが、佐智子さんの職場のスナックではなく、いつも自宅。自宅で電話をとる佐智子さんの母は、「樹木さんという方から電話があったよ」と伝えたそう。

佐智子さんが最後に樹木希林と話したのも電話だった。亡くなる三年程前に、「京都で撮影があって、来ている。これから東京に戻るから湯村には行けないけど、近くに来たから」と樹木希林らしい心配りだった。

「夢千代日記」を巡る知られざるストーリー

「夢千代日記」は、昭和二十（一九四五）年八月六日の広島への原爆投下から二〇日後に、広島駅に降り立った作・脚本の早坂暁自身が見た凄惨《せいさん》な光景を起点に描かれた物語である。また想いを寄せていた血のつながらない妹が原爆により亡くなった事実も、執筆の原動力となっている。

実は「夢千代日記」と湯村温泉には、もうひとつの知られざるストーリーがある。

春来川の川辺に建つ夢千代像

撮影の誘致をしたのは当時の湯村温泉観光協会長であり、「湯村観光ホテル」社長の故・朝野繁《しげる》さんだった。繁さんの息子であり、現在は「朝野家」社長の朝野泰昌《やすまさ》さんが、「夢千代日記」と湯村温泉の因縁をひもといてくれた。

「当時は、湯村温泉にお客さんが入り始めていて、温泉地全体が明るく上向きな空気でした。そんな時に、あえて原爆や胎内被爆といった暗いテーマのドラマの撮影を誘致することに、地元では反対の声もありました。事実、近隣の温泉地は撮影を断っていましたしね」

それでも、「父は私財を投げ打ってでも撮影隊を呼びました。出演者やスタッフの宿泊費は半額。けれど料理は名物の『せこ蟹の宝箱』や『松葉蟹宝楽焼』、但馬《たじま》牛と正規料金の倍の豪華さ。さらに飲み放題でしたからね」

繁さんが亡くなる二年前、平成二十八（二〇一六）年のこと。泰昌社長が、当時の繁さんと同じ湯村温泉観光協会長という立場で激務をこなしている際、「なぜ父はあれだけ『夢千代日記』に力を入れていたのだろう」と素朴な疑問を抱いた。何の気なしに父に理由を尋ねると、父は真相を教えてくれた。

「私はこの時初めて知ったのですが、母・鈴子は被爆していたんです。私はすぐに母の元に行き、被爆者手帳を見せてもらいました」

鈴子は広島市内で陸軍の倉庫の片づけをしており、残留放射能を浴び「入市被爆」（原爆投下直後に爆心地近くに入り、放射能の影響を受けること）をした。それを語ることなく、当時は女将として撮影隊を迎えた。

「父は夢千代に母を重ねていたんですね」

昭和六十（一九八五）年、湯村温泉の春来川と「荒湯」を見渡せる位置に夢千代像が建立された。夢千代像の台座は、広島市から譲り受けた同市旧庁舎の被爆した敷石である。

泰昌社長は現在も観光協会長として観光推進に勤《いそ》しむと同時に広島との交流も続ける。八月六日には、千羽鶴と湯村温泉のお湯を広島市内の二つの原爆養護ホームに届けている。

樹木希林（きき・きりん）
本名：内田《うちだ》啓子《けいこ》
昭和18（１９４３）年１月15日〜平成30（２０１８）年９月15日

吉永小百合（よしなが・さゆり）
本名・岡田《おかだ》小百合《さゆり》
昭和20（１９４５）年３月13日〜

第4話

「狂気」をなだめた奥多摩の大自然

——松田優作と松乃温泉「水香園」

「ブラック・レイン」の台本を片手に

日米合作映画「ブラック・レイン」（一九八九年）は松田優作の遺作として知られる。末期の膀胱《ぼうこう》がんだった松田は、医師から「命か、映画か」と選択を迫られるほど深刻な症状だったが、命を削る覚悟を持って撮影に臨んだ。

「ブラック・レイン」は大阪の街を舞台に、アメリカ人の警官マイケル・ダグラス、アンディ・ガルシアと日本人警官の高倉健が、松田優作扮する日本のヤクザを追跡するアクション映画だ。

私は公開されてすぐに映画館に行ったが、改めていま観ると、青い目と金髪の派手な存在のマイケル・ダグラスに対して、短髪で黒い目をした高倉健のストイックな演技が際立っていた。

ただ最も目が離せなかったのは松田優作だった。

痩せ細り、こけた頬に眼光鋭い目だけをギョロリとさせる様は、姿を現すだけでその場の空気を凍らせた。松田は自身でも「狂気」という言葉をよく使うが、まさに鬼気迫り、背筋がぞっとした。

「ブラック・レイン」の撮影前に台本を持ち、松田優作がひとり訪れたのは東京都奥多摩

に湧く松乃《まつの》温泉「水香園《すいこうえん》」だった。女将の中村恭子さんが当時を語る。

「いつもと様子が違ったんです。『河鹿《かじか》』のお部屋から出てこないし、口数も少なく、すごく痩せたので、大きな役に取り組んでいるのかなと思いました。でも、何かおかしくて、『大丈夫ですか?』と尋ねましたら、『調子悪いんだよ。身体が痛くてさ』とおっしゃって、『痛くて』と繰り返し、何度も何度も温泉に入っていました」

これが、松田優作が「水香園」を訪れた最後になった。

日本映画史において強烈な光を放ち、ファンだけでなく多くの役者から今もリスペクトされる松田優作。「人間の証明」(昭和五十二年)「蘇える金狼《きんろう》」(同五十四年)「野獣死すべし」(同五十五年)「探偵物語」「家族ゲーム」(ともに同五十八年)「それから」(同六十年)などアクションから文芸作品まで幅広い役をこなす当代一のスターが、なぜ、東京の奥まった温泉宿に来るようになったのだろうか。

その疑問を女将にぶつけると、意外な答えが返ってきた。

「中学生の頃から優作さんのファンでした。高校生になってからは友達と、日活の撮影所のフェスティバルに必ず行って、優作さんには七~八回はお会いしました。でも、本人を目の前にすると緊張して、何を話したか覚えていませんが(笑)、たぶん『いつも観ているから頑張ってください』と言ったように思います。一度だけ、優作さんが上着を着せて

くれたことがありました。ぶっかぶかで暖かかったことを覚えています」

女将が高校三年生の夏休み、最後に撮影所を訪ねた時のことだ。

「『太陽にほえろ！』の撮影中でしたので、石原裕次郎さんや神田正輝さんにも会えました。裕次郎さんから、『どこから来たの』と聞かれたので『奥多摩』と答えると、『あんな所から来たの』と話題が広がり、うちが旅館をやっている話になりまして、『奥多摩なら、いい宿なんだろうな』と、裕次郎さんが言ってくださったんです。優作さんは、その会話に途中から入ってきましたので、どこから聞いていたかはわからないんですが……」

その後、女将は高校を卒業し、撮影所に行くこともなくなった。

それから四〜五年経った昭和五十八（一九八三）年頃、松田の名前で予約が入る。

「いらしたのは優作さんと、龍平君がお腹にいた身重の美由紀さんでした。私、びっくりしちゃって。優作さんに『撮影所で会ったことがある』とは話しませんでしたが、優作さんが入ってきた時に目が合って、にこっと微笑んでくれたので、覚えててくれたのかな……」

女将にその時の気持ちを尋ねると、

「それはもう嬉しくて……。だって中学から使っていた定期入れに、レイバンのサングラスをした優作さんのブロマイドを入れていて、高校を卒業する時はぼろぼろになっていましたからね」と、興奮した面持ちになった。

まさか松田の予約が松田優作だとは想像もせず、この日は満室だったこともあり、予約通りに四畳半と三畳に渡り廊下だけが付いた最も小さな部屋を使ってもらった。

この日を境に、「水香園」は松田優作の定宿となった。

松田優作が愛した客室・「河鹿」の外観

最初の妻でありノンフィクション作家の松田美智子氏の著書『越境者 松田優作』でも、昭和六十三（一九八八）年に美智子氏が松田優作に会った際、「奥多摩にな、俺が仕事に入る前に隠れ家みたいに使っている旅館があるんだ。近くに川が流れていて、風呂も大きいし、いい所なんだ」と薦められたという一節がある。

タバコと珈琲を横に

松田優作はひとり台本を持ちながら、あるいは夏休みに子どもたちと家族旅行で、と用途を分けて「水香園」にやって来た。

「一〇回、いやもっといらしていますね。優作さんはいつも『ここの風景が好きなんだ。生まれ育った田舎の景色と似ていてね』とおっしゃっていました」

松田優作は山口県下関市で生まれ育った。韓国人の母ひとりの家庭で、後に非嫡出子《ひちゃくしゅつし》であった出自に心を痛めた様子は『越境者 松田優作』に克明に記されている。緑豊かな奥多摩の風景は松田優作にとって、〝憧れの故郷〟に重なるイメージだったのだろうか。

ひとりで来る時は、多摩川の河原が目の前にある八畳二間の客室「河鹿」を利用した。明治初期の建物ゆえに、富士山や街並みを描いた絵ガラスが特徴だ。

「優作さんは『古いものが好き』と、とっても気に入っていました」

滞在中に特に要望はなく、食事も通常の夕食と朝食を出した。

「川魚の塩焼きや鯉のあらいを出しましたが、残さずに綺麗に食べてくださいました。おひとりで来られるのは新春の頃が多くて、山菜の天ぷらも食べられましたよ」

唯一のリクエストといえば、

「ポットのそばにはいつもインスタントの珈琲が入った瓶が欲しいと言われました。優作さんはヘビースモーカーで、すぐに灰皿が吸殻で山盛りになってしまうので、一日に何回も灰皿を取りかえました。仕事中は座椅子を利用され、畳や窓際の廊下にゴロンとしては、台本を見ていました。その横にはいつも珈琲とタバコがありました。タバコは匂いが残る

ので、お帰りになると半日は窓を開けっ放しにしました」

松田優作と言えば一八三センチという長身で知られるが、

「一度だけ、美由紀さんと二人でお風呂に行く後ろ姿を見たのですが、浴衣がツンツルテンで（笑）。優作さんからも『もう少し、大きい浴衣ないの』と言われましたが、それ以上大きなサイズはなくて。

お部屋に入っていた仲居にも、優作さんから『布団から足が出る』と言われたこともありまして、優作さんのために敷き布団と掛け布団をそれぞれ二枚使い、優作さん用の寝床を作っていました」

ひとりの時も、家族で訪れる時も付き人が車で送迎した。

「いつも黒系の服装が多く、黒いジャケットとジーパン姿で、足が細くて『なが！』って思っていました。おひとりの時はサングラスをしていましたが、家族といらした時はかけてなかったです」

過去に一度だけ、すでに満室で予約を受けられなかったことがあった。結局、近所の旅館に宿泊したが、玄関先に「歓迎　松田優作さま」とプレートが掲げられ、サインと写真攻めにあい、松田は「すごく嫌だった」としみじみ女将に話した。

じつは、松田優作の部屋担当の仲居も色紙を持ち歩いたことがあったが、最終的にサインも写真も一度もねだらなかった。

「欲しがったら、優作さんがもう来て下さらないような気がしたんですよね」と女将は控えめに語る。

家族旅行の素顔の優作

松田優作と美由紀は三人の子どもを授かった。子どもたちが夏休みに入ると、松田優作は家族を連れてきて、「河鹿」より広い一〇畳二間の「松」の部屋を使った。

「龍平君と翔太君は本当にいたずらっ子。いつも運動会をしていました（笑）。うちの息子が龍平君と同じ歳だったので、『一緒に遊ぼう』と帳場に来ていたこともありました。優作さんは息子さんがまとわりつくのを『忙しいのに、まったく』という風で、二人が河原で遊ぶ姿を時たま見に行く感じでした。あとは息子さんを連れてお風呂に行っていましたね。美由紀さんとは歳が離れているせいか、甘えさせている印象で、ひとりで来る時より、ずっと穏やかな表情をされていました」

松田優作が亡くなってから、一度だけ、二〇〇〇年代前半に美由紀と龍平、翔太が「水香園」に来ている。

西多摩霊園（東京都あきる野市）に眠る優作の墓参りの帰りに立ち寄っただけで、宿泊

はしていない。

美由紀は「ここに来ると涙が止まらなくなるから、もう来れない」と泣き出し、息子二人はしみじみと父との思い出の庭や河原を歩いていたという。

「水香園」は「相棒」をはじめ人気テレビ番組や映画など、多くの撮影に使われている。なかには、「ここは松田優作さんの定宿だったんですよね」と話を振ってくるスタッフも少なくない。

松田優作が家族とともに滞在した「松」の部屋

いまも多摩川のほとりに建つ「水香園」はよく手入れされた三〇〇〇坪の庭園に、離れ形式で全五棟六室があるのみ。静けさが保たれ、松田が言う「隠れ家」だ。「河鹿」は多摩川に最も近く、涼やかな川音が聞こえてくる。「松」は少し高い位置で敷地を見渡せる。

松乃温泉はアルカリ性単純硫黄泉。硫黄成分の血管拡張作用は身体を温めるため、痛みに苦しんだ松田も少しは楽になったのだろうか。松田が「風呂も大きい」と気に入った大浴場は健在で、大きなガラス窓越しに多摩川が望める。

女将の中村さんにとっての松田優作とは？　と尋ねると、

「うちにいらした時は、話をしてもいつも目が笑っていまし

た。映画での拳銃を持った姿はどこにいったの？　と思うほどで、私にとっては映画『探偵物語』の優作さんがいちばんしっくりきます」

　ふっくらとした丸顔の中村さんは柔らかな印象で、とても控えめだ。生い立ちも、その仕事の様も「狂気」を帯びた松田優作とは対極にいるような人だ。

　松田優作にとって、中村さんは慎み深いファンであると同時に、ただただ寛《くつろ》げる場所を提供し、温かく包んでくれる存在だったのだろう。

松田優作（まつだ・ゆうさく）
昭和24（１９４９）年9月21日～平成元（１９８９）年11月6日

第5話

昭和の大宰相を虜《とりこ》にした「鯉の甘煮」

——田中角栄、渡部恒三と会津東山温泉「向瀧」

「偉くなって向瀧に泊まりたい」

昭和四十七（一九七二）年十一月——。

「バタバタ〜」と音を轟《とどろ》かせ、一台のヘリコプターが飛んできた。

福島県会津若松「鶴ヶ城」近くの陸上競技場に砂埃が舞いあがる。

着陸したヘリコプターから降り立ったのは、時の総理・田中角栄。自民党候補の選挙応援のためにやってきたのだ。

「私が通っていた小学校にもヘリの音がしてきました。子供心に何事かと思ったことをよく覚えています」と話すのは会津東山温泉「向瀧《むかいたき》」六代目の社長・平田裕一《ゆういち》さん。

遊説を終えて、田中角栄はこの晩の宿「向瀧」を訪れた。

「当時は、自宅の格子窓越しに、『向瀧』の正面玄関が見えたのですが、田中角栄さんを連れて来られたのは渡部恒三《わたなべこうぞう》さんでした」

「向瀧」の玄関で靴を脱ぎ、スリッパに履き替えると、目に入るのは艶やかに磨き上げられた廊下。その先にガラス窓が開いていて左側に見事な庭園が広がる。

庭園は傾斜していて、立派な鯉が泳ぐ池が手前にある。庭の斜面に三階建ての宿泊棟が

すっと建つ様は、あたかも昇り龍が出現したかのようだ。

そして正面には「向瀧はなれ　一棟」が構えている。大正初期に完成した「はなれ」は一〇畳、四畳、六畳に仕切られた書院造。座敷と回り廊下の境目には、四方柾《しほうまさ》の柱が使われている。一〇畳の座敷の正面には野口英世《ひでよ》が筆をふるった「美酒佳肴」の額縁が飾られている。ほこりひとつ付いていない窓は、大正時代の手作りガラスゆえ、歪《ゆが》みがあり、不規則に波打っている。窓を開けると、中庭を見下ろせ、清らかな風が吹いてきた。

田中角栄は渡部恒三に連れられて、この部屋に入ったのである。

向瀧に滞在中の田中角栄（右端）（宿提供）

私はかつて渡部恒三にインタビューしたことがある。自宅の応接室には、国会前で田中角栄と握手をする写真が飾られていた。嬉々とした笑みを浮かべる渡部恒三の様子から、田中角栄を兄貴分のように慕っていたことが伝わってくる。
それを見てつい、「私も越後の長岡で生まれ育

ちました」と洩《も》らすと、渡部恒三は「君は長岡の人かい、僕は厚生会館に何度も応援に行ったよ。『越後には尊敬する人は三人いる。河井継之助《つぎのすけ》、山本五十六《いそろく》、田中角栄』と言うと、角さんが喜んでね」と、タバコをくゆらせながら遠くを見た。

長岡の厚生会館とは、もう現存しないが、田中角栄が数々の名演説を行った場所であり、長岡生まれの私にとって馴染みが深い。そんな思い出を共有したせいか、渡部恒三は田中角栄との交遊録を自慢げに話してくれた。

「田中角栄っていうのは人を使う天才だった。封筒をパッと破って、俺のポケットに一〇〇万円の束をぎゅっと入れて、『あって邪魔になるわけじゃないから』とかね」といった裏話が矢継《やつ》ぎ早《ばや》に出てくる。

現在の感覚では褒められた振る舞いではないが、田中角栄という昭和の政治家の豪胆さを物語るエピソードとして興味深い。

なぜ、昭和四十七年に田中角栄を「向瀧」に連れて行ったのか。

「東山温泉といえば『向瀧』。会津の者が、『いずれ偉くなって、向瀧に泊まれるようになりたい』と思う旅館なんだよ。会津田島（現・南会津町）の出身の僕もそうだった。だから角さんを連れてきたんだ」。

「はなれ」で、田中角栄と何を語ったのかを聞くと、

「そりゃ、越後の角さんと会津の僕だもの。『白虎《びゃっこ》隊は素晴らしいね』と話したよ」。

会津と長岡の盟友ぶりに話が弾んだ後には、こんな武勇伝も。

「当時、会津東山温泉に芸者が二〇〇人もいた華やかな時代の話もした。そうそう、俺が東山温泉で、男として最初の一歩を踏み出したんだって、話したね。角さんはね、『こんなにいい宿はない。素晴らしい』と喜んでくれましたよ」

と、まるで「向瀧」が自分の宿であるかのごとくに誇らしげだった。

名物・鯉の甘煮。鯉を輪切りにし、長時間じっくり煮込む

さらに「角さんはね、あれは喜んだよ」と言う。〃あれ〃とは向瀧名物「鯉の甘煮《うまに》」。鯉を輪切りにし、砂糖をたっぷり入れて、醤油と酒で五〜六時間ほど火にかけ骨まで柔らかくしたもの。甘じょっぱい味を田中角栄が好んだのは、味付けの濃い雪国で生まれ育ったためだろう。

「はなれ」の浴室の湯船には源泉が注がれる。浴場は湾曲した折り上げ式格天井《ごうてんじょう》が特徴で、ガラス窓越しに外から入った光が白と黒のタイル張りの浴場を照らし出す。湯船はひとりサイズ。御影《みかげ》石の少し深い風呂に入ると「ざぶ〜ん」と湯が溢れ出る。その湯音が天井にこだまする。田中角栄もこの湯の音を豪快に響かせながら入ったのだろうか。

渡部恒三が「偉くなったら泊まりたい」とまで評した、いわば人生の目標とした名旅館「向瀧」の真髄とは――。

格式ある宿の主人と政治家の友情

「向瀧」は、会津若松駅から車で一五分程のところにある。湯川沿いに進むと永観橋の向こうに、緑に囲まれた赤瓦葺《ぶき》入母屋《いりもや》屋根の木造二階建てが現れる。「向瀧」の名が掲げられたその建物が目に入った瞬間、「ここに泊まるのか」と背筋が伸びる。一方で「ここに泊まれるのか」と気持ちが高まる。

平成八（一九九六）年に「登録有形文化財制度」が施行され、「向瀧」は第一号に登録された由緒ある旅館なのだから、緊張感と高揚感が同時にわいてくるのも当然だ。

「向瀧」の創業は明治六（一八七三）年。

会津藩上級武士の指定の保養所だった「狐湯《きつね》」を平田一族が受け継ぎ、宿を始めた。

五代目の主の平田昇《のぼる》は渡部恒三の親友だ。

渡部恒三は述懐する。

「平田昇と俺は中・高・大学と、同級生で兄弟以上の付き合いだ。俺が衆議院議員になったばかりの頃は質素に暮らしていたし、会津に家がなかったから、『向瀧』を自分の家の

ように使わせてもらった。もう、最高の贅沢だったなぁ。旅館はさ、特定の政治家を応援しないという所もあるけど、昇は後援会長になってくれて一生懸命、俺を応援してくれた」

渡部恒三と平田昇の親密さを現社長の平田裕一さんが明かした。

「父・昇は渡部先生を『コウゾー』と、渡部先生は『ノボルー』と呼んでいました。渡部先生が会津若松で仕事をされる時は、『向瀧』の客室に泊まられるのですが、食事はいつも平田家の食卓で、家族のように一緒に食べました。渡部先生は、『かぶ汁が美味しい』と、かぶの味噌汁を好んで召し上がっていました。旅館に来ているというより、同級生の家に遊びに来ているという感じでした」

「向瀧」に滞在中、渡部恒三はもっぱら「きつね湯」に入っていた。「きつね湯」はタイルを組み合わせた床で、天井には湯気を吸いこむ国産石が使われている。ナトリウムとカルシウムを多く含むお湯は美しく生き生きとしている。

「向瀧」は五七度から五二度ほどの三本の源泉を保有する。その日の気温や気候により、源泉温度が異なるため、湯守である番頭がバルブを調節し、三本の源泉をブレンドする。源泉から長い配管をくぐらせて、「きつね湯」には常時四五度ほどの湯が溜まるようにする。それが湯守の腕の見せどころ。

「熱くても、決して水で薄めない」という、こだわりを貫く「向瀧」は、会津藩から受け

継いだという誇りを持って、本物の温泉を提供している。

貴重な漆器を守った渡部恒三のひと言

政治家として大成した渡部恒三は、それまで支えてくれた平田昇に対してや、「向瀧」への恩返しの意味もあったのだろう、多くの客人を連れてきた。

時に、国賓もだ。

平成四（一九九二）年四月二十四日〜二十六日の三日間、福島県の裏磐梯《うらばんだい》で四極通商サミットが行われた。渡部恒三は「どうしても『向瀧』で食事を」と言って、四月二十五日にアメリカのヒルズ通商代表をはじめ総勢二〇名で「向瀧」にやってきた。

この時の四極通商サミットの晩餐《ばんさん》会は「向瀧」の本館二階の大広間で開催された。大広間は、旅館建築でいえば皇族が宿泊する部屋で使われる、最も格式の高い「格天井」。さらに、その格天井は会津桐の柾目《まさめ》一枚板が使用されているという、いまでは再現できない貴重なもの。上座には大きな床の間、下座には精巧な松の絵が描かれた檜《ひのき》素材の「檜舞台」が設《しつら》えてあり、ただただ圧倒される。

晩餐会では、目が覚めるほどの鮮やかな朱色に塗られた会津漆器がテーブルに並んだ。会津漆器によそわれたのは田中角栄が好んだ「鯉の甘煮」、会津地方の郷土料理「にしん

の山椒《さんしょう》漬け」や「こづゆ」などだ。

「にしんの山椒漬け」はにしんの脂と醤油が身だけでなく骨まで沁み込んでおり、山椒の風味が効いている。「こづゆ」とは、会津地方で冠婚葬祭の時に大皿で出される料理。ホタテで出汁《だし》を取った澄んだスープに、豆麩《まめふ》と細かく刻んだ人参、ごぼう、里芋、きくらげとこんにゃく、しいたけが入る。

「お酒は、ヒルズ通商代表をもてなす意味で、カリフォルニアワインを出した覚えがあります」

平田裕一現社長は料理を出すタイミングを調理場に指示する係で、大広間を見渡す位置にいた。

「食事中はＧ７の話をしていましたが……、そんなことよりも、私が冷や汗をかいた場面がありまして……」と、告白した。

「アメリカのヒルズ通商代表が『鯉の甘煮』を見て、ナイフとフォークをリクエストされました。これで全員にナイフとフォークを使われたら、会津漆器が二〇個ダメになると覚悟しましたら、渡部先生が『柔らかいから、箸《はし》で食べられる！』と止めてくださいまして、ことなきをえました」

お客が喜んだものがもうひとつある。

「会食に参加された男性陣の控室の『南天』からは桜が見えたんです。サミットが行われ

た裏磐梯ではまだ咲いていなかったですし、鶴ヶ城周辺はもう桜が散ってしまっていたので、参加者は『南天』から桜を眺めていました。その光景を父・昇がにこにこしながら見ていたのをよく覚えています」

毎年、会津東山温泉「向瀧」の庭には見事な桜が咲く。

昭和の頃は、温泉地の名旅館の主はその土地の名士であり、経済的にも恵まれていた。だから作家や芸術家を支援するという土壌があった。同時に、「向瀧」と渡部恒三の関係のように、政治家のスポンサー的な役割を務める宿も少なくなかった。

歴史を繋いできた名旅館には、往来した人々との交流が物語として積み重なる。その厚みが、旅館の風格として滲み出るのだ。

田中角栄（たなか・かくえい）
大正7（1918）年5月4日～平成5（1993）年12月16日

渡部恒三（わたなべ・こうぞう）
昭和7（1932）年5月24日～令和2（2020）年8月23日

第6話

大芸術家がデザインした曲線美の湯船

――黒澤明、岡本太郎と吉奈温泉「さか屋」

ものづくりを生業とする人が集う宿

「うるさい！　静かにしろ！」

怒鳴り声をあげたのは、世界から絶賛される映画を撮り続けてきた、昭和の大スター監督・黒澤明。

黒澤明は映画「影武者」（昭和五十五年）の脚本を執筆するために旅館に籠っていたところ、新聞回収のトラックから流れるスピーカーの騒音に神経を逆なでされ、撮影現場同様に怒りを剥き出しにしたのだ。

黒澤明は昭和五十二（一九七七）年初夏、脚本家の井手雅人に連れられて、静岡県の伊豆半島の中央に位置する天城《あまぎ》の温泉宿をいくつか見て回った。そして「このお湯は飽きない。気に入った」と、脚本執筆の宿に静岡県天城吉奈《よしな》温泉「源泉かけ流しの湯　御宿さか屋」を選んだ。

黒澤明の部屋は、宿の一番奥の最も静かな場所。執筆用の部屋と寝室を別々にして計二部屋を使用した。執筆用の部屋の大きな窓からは天城の山々が見渡せた。

「監督は『なだらかな山がいい。こういう山が二つほどあれば、撮影に使いたいねぇ』とおっしゃり、この景色を気に入っておられました」と、女将の城所美弥公《きどころみやこ》さんが教えてく

ださった。

「監督はいつもピリピリなさっていましたので、とても近づけませんでした。あのサングラスでしょう……。威圧感がありましてね。それに、新聞回収車の音がうるさいと怒鳴られたのは、私でしたから（笑）」

その一方で、女将は黒澤明の意外な素顔を見ていた。

「滞在中は、足のむくみに効くんだと、何度も温泉に入って、お風呂で屈伸をされていたようです。一度ね、湯上がりの監督とエレベーターでお会いしたんです。その時は浴衣姿で、サングラスをしていらっしゃいませんでした。つい、監督の顔を見てしまったんです。少し垂れた目で、つぶらな瞳をされて、とってもチャーミングでした。監督は、優しい目を隠すために黒いサングラスをかけていたのかしらね（笑）」

吉奈温泉は開湯一三〇〇年。じつは伊豆半島最

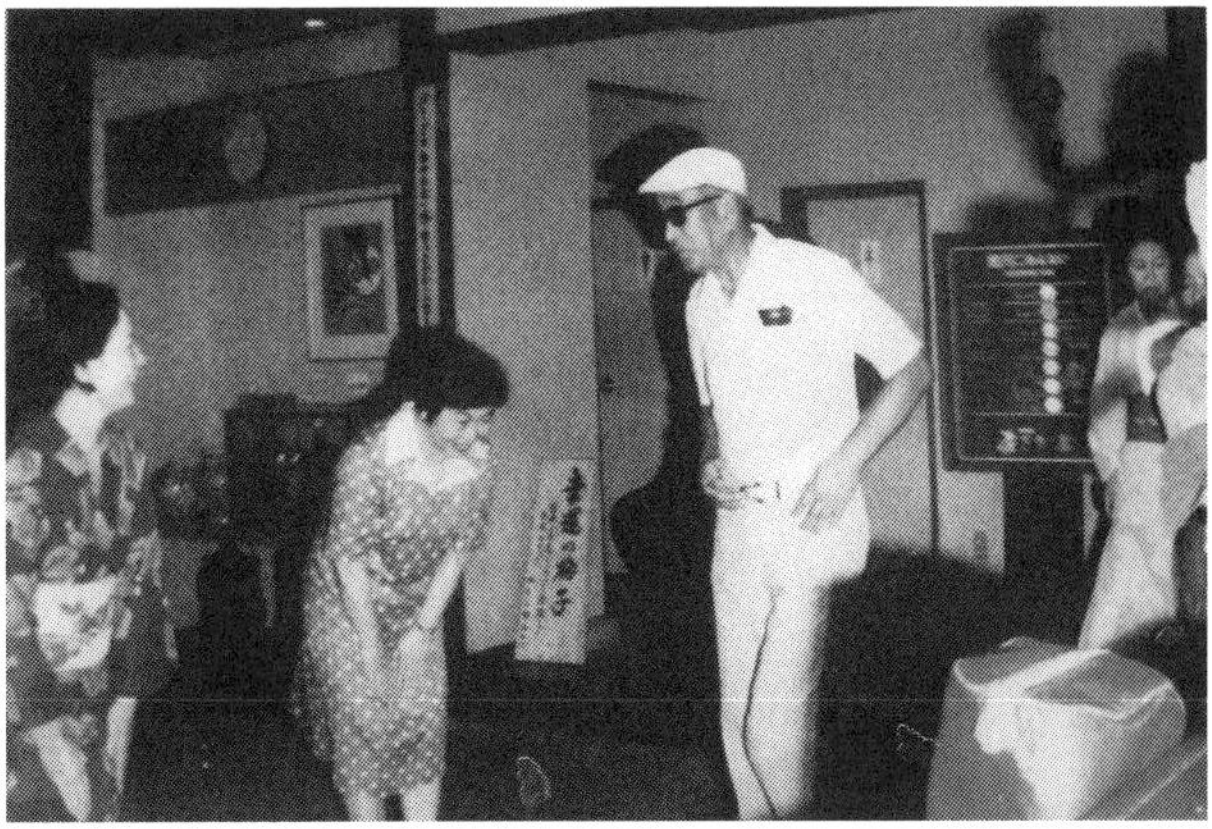

「さか屋」にやって来た黒澤明（宿提供）

古の湯であることは、あまり知られていない。現在は鉄道が通り、利便性が良く大型温泉ホテルが並ぶ東伊豆に目が向くが、江戸時代は下田街道沿いに湧く吉奈温泉のほうが知名度も高く、大名の参勤交代にも使われていた。

その源泉を老舗《しにせ》旅館「さか屋」が守る。

もともと酒屋を営む一家が旅館も経営することになり、こうした屋号となった。いまもチェックインをして部屋に入ると「さか屋」と書かれた徳利に酒が用意されており、お猪口がお茶とお茶請けとともに置かれている。

なぜかクリエイターたちが集まってくる旅館がある。

来るところには、来るものだ。

もちろん創作活動の仲間うちで好ましい噂が広がるせいもあるだろうが、ものづくりを生業《なりわい》とする者の心をとらえて離さない何かが、その宿にはあるのだ。

それは、いったい何だろう——。

名物「大名焼」の〝生みの親〟

黒澤明がやって来るはるか前から「さか屋」を愛してやまなかったのが奇才・岡本太郎

「さか屋」にて。「大名焼」のロゴは岡本太郎（左から3番目）による（宿提供）

だ。

岡本太郎は昭和四十五（一九七〇）年に開催された大阪万博の「太陽の塔」の制作で広く知られているが、「芸術は爆発だ！」という名言どおりのエキセントリックなキャラクターでも有名だ。

そんな岡本太郎を「さか屋」に連れてきたのは、岡本太郎の父・岡本一平の弟子だった俳画家の森山三郎だった。

当時のさか屋の主・城所眞一は絵画や芸術を好み、旧制中学の同級生だった森山を「さか屋」に長く滞在させては、絵を描かせていた。

そんな森山が、昭和二十九（一九五四）年に三島市で開催された講演会に出席した岡本太郎を「さか屋」に連れ

てきた。芸術家のパトロンになるくらいの眞一だから、岡本太郎の訪問はさぞかし心弾んだのだろう。

フランスで暮らしていた時期が長い岡本太郎は、「フランスで食べたようなジビエが食べたい」と言い出した。

当時は戦後すぐで、そもそも肉料理は珍しく、すべて鍋で提供していた。

たまたまこの日は天候が良く、太郎が「気持ちがいいから、庭で何か食べさせてくれ」と言い出した。

眞一は、庭のあずまやで猪肉《ししにく》と天城野菜としいたけを炭火で焼くことにした。焼きあがったところで、すぐ横でなっていた夏みかんを絞ってかけたら、太郎は「おしゃれな味だね〜」と、たいそうご満悦。

「お客様にも出そう」という話になり、岡本太郎はこう言った。

「『さか屋』は大名に縁のある宿なんだから、料理名を『大名焼』にしたらどうか」と。

後日、太郎を喜ばせようと眞一が考案したのが、「大名焼」を食べる時の衣装としての大名の恰好。ちょんまげとかみしもを用意すると、太郎ものってきて、かみしもと前掛けに入れる「大名焼」の文字を書いてくれた。そしてそれをロゴにした。

ただこの大名スタイルは、実用的でもある。ジビエを焼くと、浴衣に臭いがついてしまうので、浴衣の上からかみしもを着ければ多少は防げる。理にかなっているのだ。

現在もお客に愛される「大名焼」は、鉄板の横に、三センチ×四センチにカットされた猪肉と豚肉、天城で採れたキャベツ、玉ねぎ、人参《にんじん》、茄子《なす》が皿に並べられる。

鉄板の上に野菜をこんもりと盛る。その上に分厚い猪肉と豚肉を乗せていく。まるで野菜と肉のタワーのように盛り付けてから、火をつけて一〇分程。

「じゅう〜、じゅう〜」と肉の脂が鉄板にしたたり落ちる音と、野性味ある匂いが部屋に充満する。

くぅ〜、空腹が抑えられなくなる。

しゃきっとしている野菜が肉汁に馴染み、くたっとしてくると、食べ頃だ。

猪肉はじっくり蒸されたことで柔らかく仕上がり、食べやすい。野性味を残しているから、食べたその瞬間から血が沸くようだ。火が通り、肉の脂でしんなりとした野菜がまた美味しいこと。爽やかな風味の「さか屋」オリジナルのポン酢にくぐらせると、さらにうま味が増す。

岡本太郎もたいそう気に入ったのだろう、幾度となく「さか屋」に通っては、「大名焼」と赤ワインを愉しんだ。

ちなみに「太陽の塔」制作の打ち上げも「さか屋」で行われたというから、岡本太郎の「さか屋」への愛着の深さがわかる。

〝非合理〟な太郎さん風呂

眞一と交友を続けたある日、ちょっとした会話から「僕も何か作ろうか」と岡本太郎が言い出した。

そしてできたのが「太郎さん風呂」。

岡本太郎がデザインし設計したこの風呂の湯船は、曲線を得意とする岡本太郎らしく、ひょうたん形をしていて、湯船の縁もなめらかなカーブを描いている。このカーブは、女性が座った跡を表現したといわれている。湯船の素材は細かい正方形のタイルだ。

岡本太郎デザインの風呂「太郎さん風呂」

私も「太郎さん風呂」に入り、湯船の縁に座ってみると、そのタイル製のカーブはお尻の割れ目に吸いつくよう。ジャストフィットなのだ。

恐るべし、岡本太郎——。

「太郎さん風呂」には後日談がある。

「完成当初、『太郎さん風呂』は湯船の底の中心に、なだらかな丘が存在したのです。でも、お客様に『危ない、つまずくよ』と言われまして、昭和五十年代に取り除きました。

太郎さんは、いらっしゃる度にいつもこのお風呂に入っていましたので、丘を取ったことがすぐにわかり、とても怒られました……。合理的でないことこそ芸術なんですね」

と城所さんが懐かしむ。

岡本太郎は、こんな言葉も残している。

「吉奈温泉は、静かだ。四季の情感に溢れており、ここに来ると心が和む。私は、いそがしい中に何とか暇をつくっては、さか屋にいき、時間の赦《ゆる》す限りのんびりと過ごしてくる。何も考えずに、豊富な湯につかり、この土地の山菜を盛り合わせた伝統の料理を食べ、足の向く儘《まま》に散歩する。深い青い空と、見事な自然の色合い、爽やかなせせらぎが、時間を忘れさせてくれる。吉奈温泉の素朴な環境を、私は大事にしたい。」岡本太郎（「さか屋」公式サイト）

温泉は生きている

「さか屋」の自慢はもちろん五〇〇年以上受け継いできた温泉だ。

加温、加水、循環、塩素殺菌をしていない。一切の人の手を加えずに、源泉一〇〇パーセントの温泉を提供するのが「さか屋」のモットーだ。

とはいえ手間はかかる。湧出温度の違う三本の源泉をブレンドして湯船に入れるため、

湯量を調整して、人が入浴するのに適した温度にしなければならない。

「温泉ってね、生きているんですよ。毎日、表情が違うの。気候や気温で源泉が変わりますからね、湯量を調節して、お客様に快適に入っていただいています」

現在は女将の息子であり、二十五代目の城所幸志《こうじ》さんが、湯守として源泉管理をしている。一日三回、温度計を持ち、湯船の温度管理を行う。

「原始的だとお思いでしょうが、相手は生きていますからね」

お湯を誇りにしていることが女将の表情からもうかがい知れる。

奇をてらわないという魅力

吉奈温泉の泉質は単純温泉。「単純」という表記から、そのまま単なる温泉と解釈する方もいるだろうが、そうではない。

赤ちゃんからご高齢の方まで安心して入浴できる、湯あたりしにくくて優しいお湯。ミネラルがバランスよく入った温泉で、温泉ミネラルウォーターの元となるのもこの単純温泉が多く、「飲む野菜」という別名もあるほどだ。

お湯のうっとりするほどの透明感も特徴だ。

温泉取材を始めて二〇年以上になるが、当初、単純温泉の良さが感じられなかった。乳

白色や茶褐色などのにごり湯や硫黄泉のような匂いがある温泉を好んだ。いかにも、「温泉」というわかりやすさを求めたのだ。

そう、私は若かった――。

温泉と向き合い一〇年が過ぎた頃、ソフトに包んでくれ、疲れさせない単純温泉の魅力に気づいた。主張しすぎない、わきまえている単純温泉に愛《いと》おしさを感じ、いまでは一番好きな泉質となった。

たとえば、ステーキやフォアグラ、ウニやいくらはご馳走だが、毎日食べては飽きてしまう。いつも欲しいのは、白いご飯とお味噌汁。飽きないから。

単純温泉は白いご飯とお味噌汁なのだ。

黒澤明が称えた「飽きないお湯」「なだらかな山」。岡本太郎が残した言葉。それらに共通しているのは、「自然体で素朴だから飽きない」こと。

物づくりを生業とする者の心をとらえて離さないのは、奇をてらったものではなく、日常的な環境と自然そのもののお湯なのかもしれない。さらに加えるとしたら、眞一のような度量が広くて遊び心がある宿の主なのだろう。

黒澤 明（くろさわ・あきら）
明治43（1910）年3月23日〜平成10（1998）年9月6日

岡本太郎（おかもと・たろう）
明治44（1911）年2月26日〜平成8（1996）年1月7日

第7話

伝説のカップルの日帰り入浴
——ジョン・レノン、オノ・ヨーコと湯の花温泉「すみや亀峰菴」

宿に残された一枚の色紙

大浴場と客室を繋ぐ一〇〇メートルほどの渡り廊下を、濡れた浴衣でパタパタとスリッパを鳴らして歩くのっぽの外国人。

その人はジョン・レノン。

日本の温泉入浴を体験した湯上がりに、浴衣をバスローブと勘違いして、濡れた身体を拭かぬまま羽織り、廊下をびちょびちょにしながら客室に戻ってきたのだ。

部屋で待っていた妻のオノ・ヨーコ（小野洋子）は、慌ててフロントに連絡し、「浴衣をもう一枚ください」と頼んだ。

この日、ジョン・レノンが描いた色紙が今も残っている。

色紙いっぱいに描かれているのは浴衣姿の二人。ジョン・レノンのサインでよく見る眼鏡をかけた自身の顔が描かれており、浴衣からかなり足が出ている。一八〇センチ近い身長のジョンには、当時の特大の浴衣でさえも短かったということだろう。「夢をもとう小野洋子」と「77」という文字も入っている。

これは一九七七（昭和五十二）年に、ジョン・レノンとオノ・ヨーコが京都府亀岡市に湧く湯の花温泉「すみや亀《き》峰菴《ほうあん》」を訪れた時に描いた色紙だ。

「すみや亀峰菴」三代目で代表取締役の山田智さんは、「お帰りになる時に記念写真をお願いしたら断られましたが、サインならと、目の前でさらさらっと描いてくださいました。ジョン・レノンさんとオノ・ヨーコさんの浴衣姿のイラストは珍しいですよね。浴衣をバスローブと間違えたことは、ご本人にとっても印象的だったのでしょうかね。ご夫婦のやり取りが目に浮かぶようですよね」と優しく微笑んだ。

ジョン・レノンとオノ・ヨーコが宿に残した色紙（宿提供）

ジョン・レノンは言わずと知れたザ・ビートルズのギタリストで、イギリス出身。

一九七〇年にビートルズが解散した後は、アメリカを拠点に、妻のオノ・ヨーコとともに活動した。音楽活動を休止していた七六年からの約五年間に、日本を三回訪れ、のべ九カ月間滞在した。この間に軽井沢、箱根、

京都など、各地を旅している。

日本文化への関心が高く、禅、俳句、能、仏教、庭園にまで興味を広げた。

京都では、寺の境内にある一軒家の旅館を借り切った。お風呂も小さく、暖を取ると言えば炬燵《こたつ》に入るくらい。浴衣の上にどてらを着て、炬燵でみかんを食べた。他にも湯豆腐、おでん、漬物や味噌汁をすべて「ウマイ、ウマイ」と食べていたことなどは、『文藝別冊ジョン・レノン フォーエバー』に記されている。

そんなジョン・レノン夫妻が湯の花温泉「すみや亀峰菴」にやって来た目的は茅葺《かやぶき》屋根の家を求めてのことだ。当時、亀岡周辺には多くの茅葺屋根の家が残っていて、ジョンは別荘を探しに来たのだ。

この日は京都からタクシーで往復する、日帰りの旅だった。

「すみや」へは一カ月ほど前に、とある旅行会社から「昼ご飯と温泉入浴をお願いしたい」と連絡が入った。

山田さんが、高校生だった当時を振り返る。

「その日、私は学校でしたので、母と祖母でお世話をしました。『連絡をくれたら帰って来たのに』と母に抗議した記憶があります（笑）。

今と違って、亀岡にほとんど外国人はいませんでしたから、ジョン・レノンさんご夫妻がやって来ることは稀有な体験でした。ご夫婦は共に髪を長くされていましたので、その

風貌に母も祖母も驚いたようで、母が、『ひとりは日本人と聞いていたけど……』と、戸惑っていたことを覚えています」

ジョンが入った単純弱放射能温泉

ジョン・レノン夫妻は午前中に亀岡周辺を散策し、昼頃に「すみや」に到着。駐車場には茅葺屋根の建物があったというから、ジョンは心躍ったのではないか。

この頃の「すみや」には昼ご飯と温泉入浴のプランはなかったため、日中は夫妻の借り切り状態だった。

夫妻は川に面し、欄干が印象的な木造二階建ての棟の、二階の一番奥まった客室「菊の間」に通された。一二畳ほどの和室と広縁の渡り廊下があり、庭を見渡せる最もいい部屋だ。（残念ながら現存せず）

床の間には香炉が置かれ、菊の模様の掛け軸が飾られていた。

掛け軸には黄色い菊三輪、白い菊四輪、緑と茶色の葉の数々。それらを支える竹と五羽の雀が遊ぶ姿が描かれている。すべてが淡い色彩で、派手さのない掛け軸は、日本特有の侘《わ》び寂《さ》びを醸し出す。この掛け軸は桐箱に入れていまも大切に保管されている。

香炉好きとも言われたジョンには、この部屋の風情はどのように映っただろうか。

湯船だけでなく壁面にも岩が配された「岩風呂」

二人は「菊の間」で一服した後、浴衣に着替えて、温泉へと向かう。

当時は男女別の大浴場が二つ。

ジョン・レノンが入った男性大浴場は、現在は女性の大浴場として使われているので私も入浴したが、この時代にこんな斬新なお風呂があったのかと驚いた。

湯船は岩でできており、一〇人ほど入れる大きさ。通常の「岩風呂」は湯船が岩というだけだが、ここは違う。鏡やシャワーが設置されているカランエリアの壁面にも岩が配されている。特に出入り口は一メートル四方の大きな岩と五〇〜六〇センチの小さな岩が複雑に組まれて、大きな岩の壁になっている。不揃いの岩がかえって味となっている。

単純弱放射能温泉（天然ラジウム温泉）はジョンの身体をぽかぽかにし、湯上がりは汗が噴いて出ただろう。

浴場から戻り、浴衣に着替えたジョン・レノン夫妻は昼食を摂る。

この日の詳細なメニューは残っていないが、出したであろう品を山田さんが教えてくれ

た。

「亀岡野菜に川魚、昔ながらの煮炊き物の『にしん茄子』はお出ししていたと思います」

実に、京都らしい。

特に「にしん茄子」はこの辺りの郷土料理で、脂の多い身欠きにしんと脂がよく染み込む茄子を炊き合わせた、お酒が進む一品だ。

川魚の刺身とともに出したのが、伝統のたまり醤油「京むらさき」だ。色は濃くどろっとしており、口の中で大豆が香り立つ特有のコクは、ジョンの舌に合っただろうか。

昼食を終え、三時間程の滞在で、ジョン・レノン夫妻は帰っていった。

色紙を残して――。


ここ十数年、九月といえばまだ残暑が厳しいが、当時は美しい季節だったと、山田さんがその風景を思い起こしてくれた。

「ジョン・レノンさんがいらした九月にはもう涼しくなっていました。辺り一面にススキが広がり稲穂が波打つ、まさに〝穂波〟の景色です。ご夫妻はタクシーの車窓から〝穂波〟と点在する茅葺屋根を眺めていたのではないでしょうか」

湯の花温泉は京の奥座敷

いまも京の奥座敷として愛される「湯の花温泉」は、京都市の中心部から西へ約七キロ離れた静かな山あいにある。戦国時代には、戦で傷ついた武将たちが刀傷を癒やしたという。「湯の花温泉」という名で温泉地として看板を掲げたのは昭和二十八（一九五三）年からだ。

山田さんの祖父にあたる初代「すみや」の当主と三軒ほどの宿でスタートした山峡のいで湯だった。

この秘湯に大きな変化をもたらしたのが、昭和四十五（一九七〇）年に開催された大阪万博だった。

戦後の高度経済成長を成し遂げた日本が、終戦二五周年を機に、アメリカに次ぐ世界第二位の経済大国となった証を表明したのが日本万国博覧会。通称「大阪万博」は岡本太郎が制作した「太陽の塔」でも親しまれた。

万博会場の大阪府吹田市から亀岡までは車で一時間という立地ゆえに、湯の花温泉は万博に来た観光客の受け入れ温泉地として一気に成長していく。

昭和四十二〜三（一九六七〜八）年頃から湯の花温泉は旅館軒数を増やし、最大で計一

一軒もの宿が並んだ。静かな温泉地が一気に華やいでいったのだ。

　実は、ジョン・レノンが入浴した「岩風呂」も、万博需要で作られた風呂である。


　ジョン・レノン夫妻が「すみや」を訪れてから四七年が経つ。

　いまでも、「ジョン・レノンが来た宿」として訪ねて来るお客がいる。

　多くは芸能の世界に身を置く人たちで、なかでも計四回訪問したのは俳優の松田優作だ。

　ジョンが亡くなった一九八〇（昭和五十五）年に、ひとりでふらりとやって来た。

「黒の革ジャンに革のパンツで、サングラスをして、大きなハーレーに乗ってきました。玄関に入ってきて、ヘルメットをしたまま、『ジョン・レノンが来たのはこの宿だと聞いてきましたが、間違いないですか』と。この時、フロントにいたのは私でしたので、『そうです』とお答えし、この晩はお泊まりになりました。その後も、ご家族を連れて三回ほど来られました」

　その後もジョン・レノンの足跡をたどるスターは跡をたたず、関西の大物芸人は、度々、若手のお笑い芸人を連れてやってきては、食事と入浴のみ利用した。

　ＮＨＫ大河ドラマの主演を張る実力派俳優も家族で来た。山田さんが客室に案内する時に、「ジョン・レノンが泊まったそうですね」と俳優自身が確認している。

　このように「すみや」を訪れる芸能関係者は多いが、その理由は他にもある。

それは京都市右京区太秦《うずまさ》にある東映京都撮影所の存在だ。撮影所から車で三〇分という近さゆえに、古くは近衛十四郎《このえじゅうしろう》が撮影の合間に温泉と釣りを楽しみ、昭和を代表する大脚本家・花《はな》登筺《とこばこ》は撮影スタッフに連れられて、渥美清はプライベートでと、スター達の束の間の休息の場として親しまれていた。

ひょっとしたら「すみや」は撮影所では有名な宿だったのかもしれない。

ジョン・レノンは湯の花温泉が「日本のハリウッド」とも呼ばれる日本映画の聖地の近くにあり、名だたる名優に愛されたとは知る由《よし》もなかっただろうが、これぞ不思議な縁というしかない。

ジョン・レノン

1940年10月9日〜1980年12月8日

オノ・ヨーコ（小野洋子）

昭和8（1933）年2月18日〜

第8話

忘れられない両陛下の会話と小さな〝ガッツポーズ〟

――上皇・上皇后両陛下と「南三陸ホテル観洋」、穴原温泉「吉川屋」

慰問する上皇さま・美智子さま

東日本大震災から一三年が経ったが、その傷は癒えることはない。避難所に出向き、床に膝をつき、被災者の声に耳を傾けた上皇さま（当時、天皇陛下）と上皇后・美智子さま（当時、皇后陛下）。

お二人の慰問は、被災地に何をもたらしたのだろう——。

平成二十六（二〇一四）年七月二十二日、上皇さまと美智子さまは太平洋が一望できる宮城県「南三陸ホテル観洋」にお越しになった。

「南三陸の海に面した沿道は、お二人のお姿を一目見たいと、人で溢れかえっていました。人口が減っている南三陸で、それは凄い光景でした。警備の方が『予想をはるかに超える人がいた』とおっしゃっていましたから」と、女将の阿部《あべ》憲子《のりこ》さんが振り返る。

東日本大震災から三年が経っていた。

「ホテル観洋」の創業者であり憲子女将の父・阿部泰児《たいじ》さんは昭和三十五（一九六〇）年のチリ地震を経験し、防災の観点から岩盤の硬い高台にホテルを建てた。そのため東日本大震災では「ホテル観洋」は建物の下層階の一部被災のみで留まったが、被災した当事者

であることに変わりはない。それでも地域の人たちの避難所としてホテルを開放した。

「ホテルを頼って避難されてきた皆様の新しいコミュニティづくりの場として、二年間で六〇〇回以上ものイベントを開催し、気持ちが引きこもりがちにならないように努めました」

憲子女将は当時の人々の心境をこう話す。

「震災から三年が経った頃は、『復興、復旧と言うけれど、現実はそんなに甘くはないな』と思い知らされていました。

ある日突然、生活していた場所が土台しか残らなかった。一家全員が亡くなったところもある。『亡くなったのがひとりで良かった』なんて会話もありました。けれども朝、『行ってらっしゃい』と見送った家族を突然亡くす哀しみはいかばかりか。大切なものをすべて失くしたのに、自分は生きている。そんな状況に涙を流すことさえ忘れた人もいました。時間が経てば解決すると信じていたんです。もう少し楽になるかな、希望が持てるかなって。でも、時間じゃ哀しみは癒えないとわかってきたのがこの頃でした」

無力感にさいなまれていた時に、

「上皇さまと美智子さまがお越しになり、手を振って優しい笑みを見せてくださいました。住民にとって、何よりもの力になりました」と、憲子女将は感激の面持ちで語る。

この時のお二人の優しさと温かさを憲子女将は決して忘れない。

「ホテル観洋」名物のウニ料理（宿提供）

「私どもでは三陸の海の幸をお召し上がりいただきました。上皇さまはマグロのお造りを、美智子さまはウニを大変喜んでくださいました。宿の女将ということで、上皇さまと美智子さまと直接お話もさせていただきましたが、私にとっても大変光栄なひとときでした」

　現在も地域のシンボルとして営業する「ホテル観洋」は、太平洋の大海原にせりだす露天風呂が人気だ。またホテルを経営する以前から水産業も営んでおり、それゆえ新鮮な魚介類がいただけるのも「ホテル観洋」に泊まる楽しみ。だが何より、憲子女将の采配によるもてなしが素晴らしい。

　土地に根差し、地域の住民の暮らしと共にあるのが旅館だ。自然災害時には避難所も兼ねる。ただ部屋を貸すだけでなく、寝食を提供する宿だからこそ、宿泊した人の素顔があらわれやすくなる。

　それは上皇さまと美智子さまにとっても同じなのではないか。過密スケジュールで動か

れるなかで、ほっと一息つかれるのは宿なのだろう。

一方、福島県奥飯坂の穴原《あなばら》温泉「吉川屋《よしかわや》」には二度訪れている。平成七（一九九五）年は第五〇回国体出席のご公務のため、平成二十五（二〇一三）年は東日本大震災の被災地激励の私的旅行だった。

「吉川屋」にはどんな逸話が残っているのだろう。

お出迎えまで準備期間は半年

平成七年十月、「吉川屋」に上皇さまと美智子さまが到着した時の第一印象を、畠《はた》隆章《たかあき》社長（当時）はいまも鮮明に覚えている。

「玄関先にお車が止まり、お出ましになった時は、なんと申し上げたらいいか……、本当に光り輝いていらっしゃいました。美智子さまはすごくお優しい感じが致しました」

こうして、上皇さまと美智子さまをお迎えするまでにはかなりの準備を要しただろう。

「一年ほど前に福島県庁から打診がありました。半年前になると宮内庁、県警、県の秘書課など入れ代わり立ち代わり、お泊まりになる部屋をはじめ、さまざまな確認をされていました」

宮内庁から、何か特別な指示はあったのだろうか？

「『特別な準備をする必要はありません。普段のままでいいんです』と言われましたが、お迎えする側としてはそうはいきません。お泊まりいただきます貴賓室の壁紙や畳などの内装はすべて替えましたし、絨毯《じゅうたん》やソファー、座布団からベッドや寝具などの備品、また食器類などもすべて新しく揃えました」

準備期間中に印象的な出来事もあった。

「貴賓室は摺上川《すりかみがわ》沿いの棟の九階です。貴賓室の正面には片倉山がありまして、普段は人が出入りしませんが、警備上問題があったようです。県警の方から『窓はすべて防弾ガラスにして欲しい』と言われましたが、そうするには川に九階分の足場を組まないといけないので、『すべての窓は難しい』と伝え、洗面所だけ防弾ガラスに替えました。ご滞在中は片倉山も含めて吉川屋のまわり一帯で警備員が二〇〇人もいました」

女将の畠ひで子さんは上皇さまと美智子さまが宿泊した貴賓室に入り、お茶を出した。

「この時は当館に二泊されました。大会会場から戻られて、『宮内庁のお付きの方など、自分の周りの関係者を労《ねぎら》いたい』とおっしゃられ、夜、板前さんがオードブル等を用意致しました」

翌日には、こんな会話も交わされた。

「国体の開催を伝える新聞を上皇さまが目にされ『雲ひとつない青空で』とおっしゃいましたので、私も『はい、国民の皆さんのお心も……』とお返事しました。とても和やかな

雰囲気でした」

しかしながら、ひで子女将にとって平成七年の最初のご訪問以上に、二度目のご滞在の時のご様子が心に深く刻まれているという。

被災地激励の私的旅行

「二度目のご訪問は、二カ月前に福島県庁を通して宿泊の予約が入りました。この時も貴賓室をご利用いただきまして、以前に一式揃えて保管してあった備品をご用意しました」

ご到着の七月二十二日は土砂降りだった。

「あいにくのお天気でしたが、町の皆さんがお二人の姿を一目見ようと吉川屋の駐車場に集まっていたので、屋根のある玄関へ移動して待ってもらいました。

上皇さまと美智子さまの車が玄関に到着すると、大雨がぴたりと止《や》んで、突如、光が射したんです。車から降りられると、わざわざ見に来ていた町の人たちの所に行かれて『ご苦労様です』と声をかけられていました」

お二人は貴賓室に入り、ひで子女将と若女将の畠暁《あき》子《こ》さんがお煎茶とお菓子を出した。

貴賓室の大きな窓から片倉山の岩壁が目に飛び込んでくる、その迫力ある景観を上皇さまがご覧になり、

「思い出されたようなご様子で『前に、こちらに来た時は平成七年ですね』と美智子さまにおっしゃいますと、『平成八年じゃなかったかしら』と美智子さまが返されたので、私から『平成七年の第五〇回福島国体の時でございます』と申し上げました。するとお二人で顔を見合わせて『そうでした、七年でしたね』と微笑まれました。上皇さまは美智子さまのお言葉を否定されることはなく、会話の糸口を投げかけているみたいで、お二人はとてもほのぼのとした雰囲気でした」

上皇さまと美智子さまのこの時の訪問は、東日本大震災から二年が経ったタイミングだった。

ひで子女将も福島県民も、福島第一原発の事故による風評被害で深く傷ついていた。

「風評被害の苦しみは、福島に住んでいないとわからないと思うんです。福島第一原発から八〇キロ離れているのに、海外や国内でも遠方の方は、福島はひとつと捉えていました。おじいちゃん、おばあちゃんが福島に旅行しようとすると、子どもたちが『やめろ』と言う。『福島の桃は食べたくない』という風潮が巷に流れ始めていて、実際、『桃を貰っても捨てちゃう』なんてよく耳にしたので、私たちにはとても辛い時期でした」

この時、上皇さまと美智子さまは「吉川屋」に一泊され、翌日は近隣の桑折町《こおりまち》の桃農家を訪ねる予定だった。桃の一大産地である福島のなかでも、桑折の桃は最上質として皇室

「吉川屋」に到着された天皇・皇后両陛下（当時）。吉川屋の展示写真より

に献上されてきた。

ただ桑折を訪ねる予定の七月二十三日も、雨は止むどころかさらにひどくなる。

「あちこちで土砂崩れが起きまして、桑折への訪問を中止せざるを得なくなりました」

そこで桑折の桃農家が「吉川屋」を訪れ、上皇さまと美智子さまに面会することになった。

「吉川屋」二階の会議室「瑞《ずい》光《こう》」、九〇平米ほどと決して広くはない部屋に、桃農家と県の関係者等、一〇名ほどが集まり、懇談会を開催した。

「上皇さまと美智子さまに桃を召し上がっていただきますと、

『美味しい』って完食されたんです。『桃や福島の果物は大丈夫だよ』とおっしゃってくださるようでした」

ひで子女将は目に涙を溜めて、

「果物も野菜も、検査済みのものしか出回っていなかったですし、私たちが各地に行って風評被害を払拭《ふっしょく》しようとしても、『福島の産物は食べたくない』と拒絶されることがほとんどで。ですから、上皇さまと美智子さまの桃を召し上がられるお姿に、被災した我々への応援とはこういうことだな、と本当に嬉しかったです」

と語る。

そして上皇さまと美智子さまをお見送りする際にもサプライズが――。

「上皇さまと美智子さまがフロントを通られる時に、整列していた私たちとスタッフはお二人のお顔を拝見してからおじぎをします。美智子さまのお顔が見えましたので頭を下げようとした瞬間に、美智子さまは微笑んで、両手で小さくガッツポーズして、『頑張るのよ、頑張って、頑張って』とおっしゃられたんです。

私、頭を下げたら、ぽろぽろっと涙が溢れちゃって。東日本大震災の当日のこと、それからの出来事が次々に思い浮かんでしまって、涙が止まらなくて、頭を上げられませんでした」

両陛下は「最上級のお客様」

上皇さまと美智子さまはお帰りのルートも変更された。

「『吉川屋』を出てそのまま福島駅に行く予定でしたが、わざわざ福島駅とは反対方向にある桑折の方をぐるっと回ってから帰られたんです。桑折の皆さんもお二人の訪問を心待ちにしていましたからね」

ひで子女将はいまも涙声で、

「私は生きていて、両陛下にお目にかかれて、お声をかけていただいて、この上ない幸せです。なにがあっても頑張ろうって気持ちになりました」と感極まっていた。

私が吉川屋に宿泊し、最も心に残ったのが対岸の片倉山だった。吉川屋が所有するという片倉山は、アイヌ語で「魔物が座っている姿」という意味だそうだが、片倉山の岩壁にはうねる地層が克明に見え、その迫力にはっと息を呑んだ。上皇さまも、またこの光景が記憶に刻まれたのだろうと納得した。

「ホテル観洋」の阿部憲子女将も、「吉川屋」の畠ひで子女将も、東日本大震災の被災状況を伝えている語り部のような存在だ。いわば被災した旅館の代表のようなお二人。また

それだけの哀しみや苦しみを抱えていても、なお旅館を営む女将としての矜持《きょうじ》を保ち続けている。そんな女将たちを、上皇さまと美智子さまは慈愛をもって励ましてくださった。入念に準備し、心を込めた旅館のもてなしに、上皇さまと美智子さまは見事にお応えになられた。

まさにお二人は最上級のお客様と言えよう。

上皇陛下
昭和8（1933）年12月23日〜

上皇后陛下
昭和9（1934）年10月20日〜

第9話

世紀の名曲を生んだ伊豆の私雨

――「天城越え」と天城湯ヶ島温泉「白壁」

名曲を生んだ「リアルな体験」

修善寺駅から山奥に吸い込まれるようにバスで四〇分揺られると、天城連山に囲まれた静かないで湯集落に辿り着く。

橙色の瓦屋根となまこ壁が印象的な「白壁」（令和二年までは「白壁荘」）の暖簾をくぐると、白壁に天井まで伸びる柱、太い梁と床はこげ茶で統一された温かみのあるロビー。天井から吊るされた長提灯《ながちょうちん》のほのかな灯りで、磨き上げられた床の艶がわかる。光が入る窓際に、小さな囲炉裏を囲む居心地のいいソファーがある。

大女将の宇田倭玖子《いくこ》さんは、かつてそのソファーで寛ぐ作詞家・吉岡治に、代表作の「天城越え」の歌詞について、率直な質問をぶつけた。

「『誰かに盗られるくらいなら、あなたを殺していいですか』なんて、すごく切羽詰まった言葉があるじゃないですか。なんであんなことを書いたんですか？」と。

吉岡治は「僕がまだ貧乏だった頃ね、オンボロアパートに暮らしていて、隣の部屋から派手な夫婦喧嘩が聞こえてきたんだよ。それを思い出してね。いまだから言える話だけどね」と冗談交じりに返したという。

「『あれはリアルな体験だったんですね』、なんて吉岡先生とお話ししました」と倭玖子大

女将はしみじみと述懐する。

石川さゆりが女の情念を歌い上げる「天城越え」は、いまや日本を代表する演歌（歌謡曲）と言っても過言ではない。

その「天城越え」が生み出され、ヒットしていった過程を倭玖子大女将はつぶさに見ていた。

太い梁と高い天井が特徴的なロビー

予約はコロムビアレコードの中村一好《いっこう》ディレクターが電話をしてきた。滞在の目的には特に触れずに、ただ「僕たちは音を出すから迷惑がかからないように、人里離れた部屋にして欲しい」とだけ伝えてきた。

「川べりの一〇畳二間の広いお部屋をお取りしました。フロントから遠く不便ですが、川に近く、瀬音が聞こえる情緒のあるお部屋です」（倭玖子大女将）

昭和六十（一九八五）年八月に二泊三日で吉岡治、作曲家・弦哲也《げんてつや》、中村一好ディレクターがやってきた。

「弦さんはギター一本持たれ、白いパンタロンをはき、カッコよかったです。その頃はまた歌手として活動されていましたしね」

滞在中は三人で、歌詞に出てくる浄蓮《じょうれん》の滝やわさび沢、天城山隧道《ずいどう》をレンタカーで回った。

そもそも中伊豆で暮らす人にとって、天城峠を越えるのは難所中の難所であったために、明治三十八（一九〇五）年に現在の伊豆市と賀茂郡河津《かわづ》町を結ぶ全長四四六メートルの天城山隧道が開通した。川端康成の『伊豆の踊子《おどりこ》』や松本清張の『天城越え』等の文芸作品にもそうした背景を踏まえて「天城トンネル」として出てくる。

天城の歴史にとって重要な「天城トンネル」は、切り出した石で作られている。いつ訪れても水音がして、びっしりと苔がはびこっている。その雰囲気が吉岡治の琴線に触れたのだろうか。

『周辺をめぐり歩いた吉岡が、地名をどんどん書き込んで、歌詞が長めになるのに、弦がギターの弾き語りで、メロディーを添わせていった』（東京新聞平成十七年五月二十三日付夕刊　音楽評論家・小西良太郎氏「昭和はやり歌考」）

滞在中の食事は、旅館で出す通常の料理。当時のメインの料理は猪鍋《ししなべ》。天城産の猪肉を使った鍋や天城名物の肉厚のしいたけ、爽やかさと甘さが残る天城わさび。酒のつまみはわさび漬け。

「夕食後の深夜に、日本酒の熱燗を持って行ったこともありましたね」

と倭玖子大女将は回想する。

女性の情念を表現できる新しい歌を

「あの時は、フロントから遠かったお部屋ですから、正直、何をしていたかわからなかったんです。そんなにヒットする曲を作っていたなんてね」と愛嬌たっぷりに語る倭玖子大女将。「でも、ヒットしたから、後日談があるのですよね」と、その後に明かされた制作秘話を教えてくれた。

「天城越え」は昭和六十一（一九八六）年にリリースされた当初は売り足が鈍かったが、石川さゆりの熱唱も話題となり、徐々に人気が出てきた。年末には第二八回日本レコード大賞・金賞を受賞する。

　そしてヒットした後、ＮＨＫのテレビ番組の撮影で、ふたたび吉岡治と弦哲也が白壁荘にやって来た。

「吉岡先生がカメラに向かって、『布団部屋に詰め込まれたんだよ』って話していました。階段の下にあるお部屋ですから、布団部屋って思われたんでしょうね。広いんですけれど、合宿所のような素っ気ない部屋なんですよ」とカラカラと笑いながら、「布団部屋」の環境を説明してくれた。

「川沿いのお部屋ですので、ギターの音も瀬音で消されたんだと思います」

撮影中に見聞きした話は他にも多数ある。

「当時、弦さんは歌手と作曲家の二足の草鞋《わらじ》を履いていて、歌手を続けるか、作曲に専念するか、悩んでいたそうです。『天城越え』はちょうど分岐点で、二人は意気投合して、『命をかけて作った』と言っていました」

そんな番組撮影の合間に、ロビーで寛ぐ吉岡治をつかまえて、歌詞ができた背景を聞く倭玖子大女将。束の間のリラックスタイムだったからか、心を開かせる倭玖子大女将の才ゆえなのか、理由は定かではないが、吉岡治は知られざる話を次々と明かした。

「『これまでは、女性が耐える、忍ぶ演歌が多かったけれど、僕は女性が表現することを歌にしたかった』とおっしゃっていました」

昭和六十（一九八五）年のヒットソングにテレサ・テンの『愛人』や小林明子の『恋におちて -FALL IN LOVE-』が挙げられるが、確かに女性が耐え忍ぶ歌だ。一方で、男女雇用機会均等法は昭和六十一年に施行され、女性の社会進出が話題になっていた。

吉岡治は、それまで秘められてきた女性の激しい感情を露《あら》わにできる、新しい時代の到来を世に問いたかったのではないか。

「じつは、最初都はるみさんに向けて書こうとしていたんだ。背景は伊豆の下田の海でね。けれど都はるみさんが歌手を辞めてしまったので、誰に歌ってもらおうかと、急遽探して、石川さゆりになったんだ。女性の情念を表現するという新しい歌が歌えて、こぶしがきい

て、演歌も歌えたのが石川さゆりだった。ただ背景を海から山に変更したので、詞には随分悩んだ」

だからか、創作の場として天城連山の懐に佇む白壁荘を選んだのも頷ける。

倭玖子大女将は、作曲家の弦哲也との思い出も楽しそうに語る。

「弦さんは気さくな方でした。みんなにギターを聴かせてくれるんです。曲を弾いて、歌ってくれました。近所のスナックのママのさっちゃんが歌が大好きで、弦さんと一緒にママを訪ねて行って、みんなで歌いました。弦さんも『さっちゃん』と親しみを込めて呼んでいましたし、気軽にサインもしてました」

現在、「白壁」には吉岡治が直筆で歌詞を書いた「天城越え」の原稿が額に入り、飾られている。

「お客様が『天城越え』のお部屋を見たいとおっしゃるんですが、今は荷物と布団が入っていてね、見せられないんですよ」と倭玖子大女将がほほ笑む。どうやら本当に布団部屋となっているようだ。

「白壁」は、ものを書くために作られた

「白壁荘」は民芸と民話をモチーフに、昭和二十九（一九五四）年一月一日に開業した。

創業者の宇田博司には「世の中のためになるものを書くための宿にしたい」という想いがあり、五室しかない小さな宿のなかの一部屋を「先生の部屋」と称する書斎にした。開業してすぐに、『夕鶴』等の多数の戯曲を残した劇作家・木下順二が来ている。それは白壁荘が別の一室を「夕鶴」と命名したことを聞きつけ、「自作と被る」とクレームをつけに来たのだ。

その晩、宇田と酒を酌み交わした木下順二は宇田の矜持を聞き、すっかり共鳴。「先生の部屋」で執筆をするようになる。木下自身はその書斎を「砂利部屋」と呼び、親しんだ。その後も多くの劇作家が作品を執筆した。「完成しました」と送られてきた脚本や書籍は三四〇冊になり、「白壁」のギャラリーに陳列されている。

あらためて、倭玖子大女将に尋ねた。

「なぜ、白壁荘で名作が生まれるのでしょう？」と。

すると「白壁荘というより、湯ヶ島だからですよ」と達観した口調で答えた。

湯ヶ島温泉は、梶《かじ》井《い》基《もと》次《じ》郎《ろう》、北原《きたはら》白秋《はくしゅう》など明治末年から多くの作家が訪れ、文壇のサロン的な場だった。また文豪・井上靖《やすし》は幼少期をここで過ごしており、その体験をベースに描いた『しろばんば』には、いまもさほど変わらない湯ヶ島の描写が出てくる。狩《か》野《の》川《がわ》沿いにあった共同浴場へと「湯道」を駆け抜けるシーンはじつに瑞々《みずみず》しい。残念ながら井

上靖が入浴したお風呂はもうないが、「湯道」はそのまま残っている。

少し急な傾斜の坂道のそこかしこに苔が生えていて、苔はクッションのようにふわふわしている。頭上には大きな葉をつけた木々が生い茂っている。緑がまばゆいのも、あたり一面が潤っているからだ。

潤いの源は「私《わたくし》雨《あめ》」である。

修善寺駅に降り立った時には空は晴れていたのに、バスに揺られて湯ヶ島に着く頃には小雨がぱらついていることがある。この、こちら側にだけ降る雨という意味で、湯ヶ島の人は「私雨」と呼んでいる。

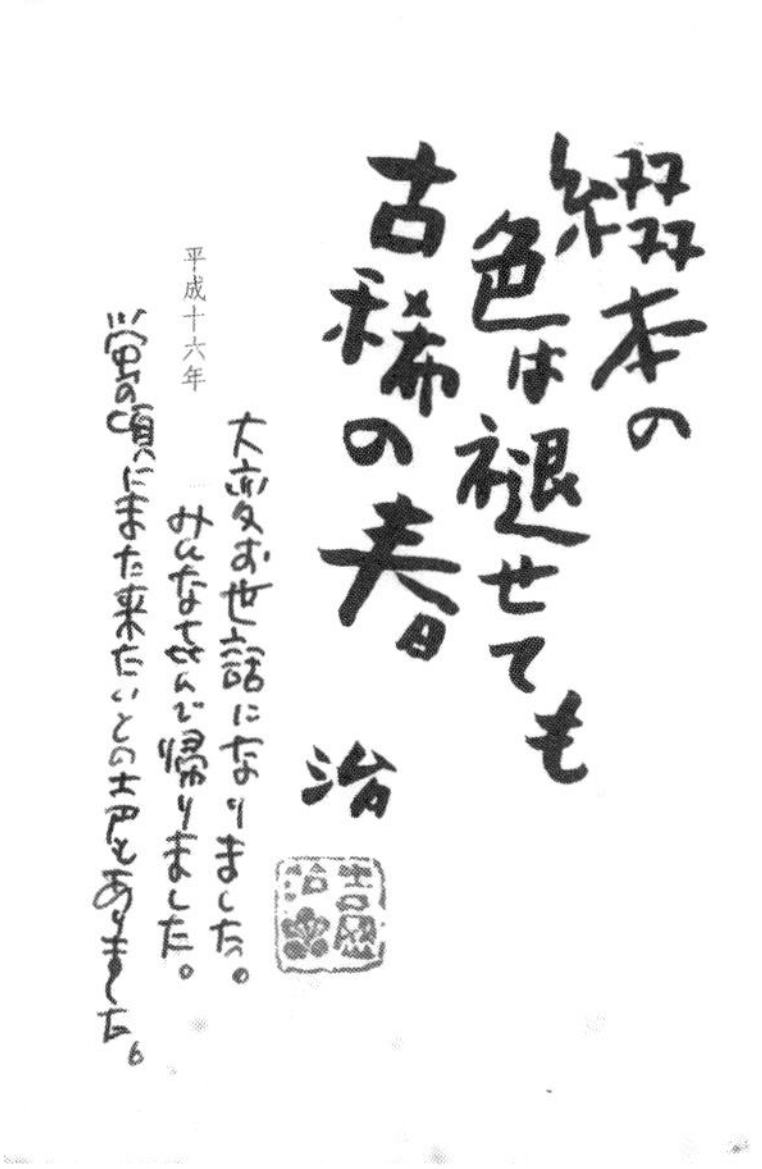

吉岡治から宿に届いた礼状（宿提供）

しとしとと静かに雨が降る環境は、緑を豊かにするだけでなく、心を内に向かせる。それは巨大な温泉ホテルが立ち並び、陽光が燦々《さんさん》と輝く東伊豆の、エネルギーが外へ向く環境とは対極で、ただただ内なる声が聞こえてくるのだ。

豊かで清冽《せいれつ》な水ゆえに、天城では飛び切りのわさびが採れ、無色

透明の美しい温泉が湧く。
第6話でも触れたように、湯ヶ島温泉からほど近い天城の山中の旅館に、やはり脚本執筆のため滞在した巨匠・黒澤明は、この辺りのお湯を「飽きないお湯」と評した。まさに、内省するにも執筆するにも邪魔しないお湯なのである。
「白壁」は、旅館造成工事中に掘り出された五三トンの溶岩を利用した「巨石風呂」、樹齢一二〇〇年の栗の木をくり抜いた「巨木風呂」、凝灰岩《ぎょうかいがん》を壁にした「大岩の湯」とバリエーション豊かで、お湯を愉しむには最高の環境である。

吉岡 治（よしおか・おさむ）
昭和9（1934）年2月19日～平成22（2010）年5月17日

弦 哲也（げん・てつや）
本名：田村正稔《たむらまさとし》
昭和22（1947）年9月25日～

井上 靖（いのうえ・やすし）
明治40（1907）年5月6日～平成3（1991）年1月29日

第10話

「俺はね、無口なんかじゃないよ」

――高倉健と龍飛崎温泉「ホテル竜飛」

青函トンネルを掘り抜く国鉄マンの物語

本州の突端、津軽半島の最果てを目指して、北海道新幹線開業時に新設された「奥津軽いまべつ駅」（青森県東津軽郡今別《いまべつ》町）に降り立った。車を走らせると、こんもりとした緑が迫ってくる。車窓からの風景を眺めて、三〇分ほどすると視界が開け、海が見えた。

津軽海峡だ。

窓を開けると、強烈な磯の香りが鼻を突きさす。そして一気に強風が車内に吹き込んできた。耐え切れずに窓を閉めると、今度は「ご〜っ」と風が吠えた。

これが本州突端の風か——。

海に面した道沿いの家屋は潮風で朽ち、トタン屋根は錆びている。けれど道を歩く老女は海風に負けないしっかりとした足取り。厳しい自然下で暮らす人の強さなのだろう。

海の先に陸が見えた。北海道だ。その距離、わずか二〇キロという。

空と海が一体となり、青色の濃淡が鮮やかなグラデーションを描き出す。こんなにも天気に恵まれているのに、吹き荒れる風で海には白波が立ち、潮流のせいなのだろう、海面は渦巻いていた。空と海に強いエネルギーが宿っている。

高倉健が語る声が聞こえてきた。

「行け、行くんだ。北緯四一度を越えて北へ行くんだ。人間の歩いた後に道はできる」

森繁久彌《もりしげひさや》が叫ぶ。

「この海の底はマンモスにしか渡れねぇんで。わしら人間には無理だ」

これらは昭和五十七（一九八二）年に公開された映画「海峡」の予告編のセリフである。

青函トンネル記念館に掲出されている映画「海峡」のポスター

本州と北海道を隔てる津軽海峡の底に、青函トンネルを掘り抜く熱き国鉄マンの物語だ。

　映画「海峡」は東宝創立五〇周年記念の超大作で、名匠・森《もり》谷《や》司郎《しろう》監督のもと、高倉健、森繁久彌、三浦友和、吉永小百合、大谷直子ら豪華俳優陣が出演している。

　二時間強の映画のなかでも、「ぴゅ～」「ひゅ～」という印象的な風の音が耳に残る。岬に立つ高倉健と森繁久彌のコートやパンツが風で変形していることでも、強烈さがうかがえる。

　地質調査員という設定の主人公を演じる高倉健が荒れ狂う津軽海峡を小船で地質探査する場面は、船が遭難しやしないかと手に汗握った。まるで海風を体感しているかのような迫力ある映像に感嘆する一方で、過酷な撮影

現場だっただろうと想像が働く。

津軽海峡でのロケ撮影は昭和五十五（一九八〇）年夏と同五十六（八一）年冬に、それぞれ一カ月間行われた。その間、主演の高倉健、森繁久彌、三浦友和、吉永小百合は津軽海峡の岸壁に建つ青森県龍飛崎温泉「ホテル竜飛《たっぴ》」に滞在した。


現在「ホテル竜飛」の社長を務める杣谷《そまや》徹也さんは当時五歳。高倉健に遊んでもらったことを鮮明に覚えている。杣谷さんが語るエピソードの高倉健は、一般的な「無骨で不器用」というイメージとかけ離れていて、驚かされる。

「午後四時か五時くらい、撮影が終わり帰ってくると、『テツ〜、テツ〜』と私を呼び寄せて、『何して遊ぶ？』と、いつも鬼ごっこやかくれんぼをしてくれました。撮影がない時には、健さんのお弟子さんも一緒に一時間とか二時間とか、ずっと遊んでいました」

当時の「ホテル竜飛」は現在とは違い、木造二階建て。家族で暮らす一階のお茶の間を真ん中に、フロント、ロビー、宴会場、調理場が囲んでいた。そのお茶の間を中心とした、館内を一周できるルートが、高倉健との遊び場だった。

杣谷さんは高倉健からさらなる厚遇を受けていた。

「マネージャーが自室に戻るのを見計らい、『僕の部屋においで』と私を呼ぶんです。私は両親から、『決してお客様のお部屋には入ってはいけない』ときつく言われていたので、

『ダメダメ』と断ったのですが……、健さんが笑顔で『一回だけだよ』と、甘えるような目をするんです」

親に怒られるのを覚悟で杣谷さんが高倉健の部屋に入ると、段ボール箱が積み重ねてあった。

高倉健と、当時5歳だった杣谷徹也さん（宿提供）

「中身はファンからのチョコのプレゼントでした。健さんが『テツ、持ってけよ～』って言うので、ひとつもらったら、『もっといいぞ～』と、抱えきれないほどのチョコを持たされました。『みんなに食べさせろ』と言うのです」

杣谷さんがお茶の間に持ち帰ると、「家族は『バレンタインのチョコだ～』って、みんな大喜び。じいさんばあさんにも食べさせました」。

こういったサービス精神の旺盛な高倉健の話題が矢継ぎ早に出てくる。

「健さんはお酒は飲まず、甘党でした。東京から、当時では珍しかったボックス型の高級アイスのレディーボーデンを取り寄せていました」

その送られてきた箱のなかには缶詰もあり、杣谷さんは初めて見る果物だったそうだ。

「アイスとフルーツをお皿に盛り付けるとカラフルで美味しそうでした。多分、ブランデーをかけたんだと思いますが、アイスに火を点けて、しかも青い炎だったので、子供心に本当に驚きました」

杣谷さんは目を丸くしながら詳細を話してくれたが、高倉健も楽しんでいたのだろう。過酷な自然環境の外ロケの合間に、少年と戯れる時間は、束の間の休息だったに違いない。

杣谷さんは高倉健や他の出演者、スタッフと一緒に撮った写真を見せてくれた。

「この集合写真も、健さんが『記念になるから、みんなで撮ろうよ！』と、出演者やスタッフに声をかけていました」

いまも残る多くの写真のなかに、小さな男の子が三輪車に乗る一枚がある。

「三輪車をこいでいるのは私です。エキストラで出演しているんですよ。撮影のために頭を刈りまして、撮影スタッフが用意した三輪車に乗り、スタッフから『その場で三回、回ったらＯＫ出す』と言われ、その通りに演じた記憶があります」

「みんなが偉い。みんなが主役なんだよ」

杣谷さんの母親で女将の杣谷茂子さんは、高倉健の主役としての立ち振る舞いをよく覚

えている。

高倉健の口癖は、「僕はセットされた所に出るだけ。ここにセットするまでが大変なんだよ。みんなが偉い。みんなが主役なんだよ」だったという。

昭和五十六年の冬の撮影時は、大雪が降り、スタッフが除雪をする姿を見て、「健さんは総勢五〇人にもなるスタッフ全員に、ズボンの下に穿くキルティング素材のももひきを配っていました。ご自身の誕生日にはワインをスタッフ全員に一本ずつ配っていましたしね」。

その気遣いはもちろん他の出演者に対しても同様だ。

「森繁久彌さんは、いつも五人の付き人を連れて来ては、三日間ほどの滞在で、まとめ撮りをしていました」

当時の「ホテル竜飛」はバスとトイレ付きの部屋は六つしかなかった。

「バスとトイレ付きで一番広い部屋は森繁さんへというのが健さんからの指示でしたが、森繁さんは『君が主役なんだから、君が格上でいいんだよ』と言われていました」

ホテルのスナックではこんな一幕も。

「森繁さんが、『君はこれで有名になったんだから、歌えよ〜』と、健さんに『網走《あばしり》番外地』をリクエストすると、健さんは素直に応え、歌っていました」

撮影中の食事は、他の俳優とスタッフは大広間で、森繁久彌と高倉健と吉永小百合は個室で摂るのだが、高倉健はよく「今日は吉永さんを招待する」と言って、親交を深めてい

た。「確か、三浦友和さんが結婚一周年の時も、健さんはお祝いしていました」と茂子さんは懐かしそうに語る。

当時、茂子さんは二十代で、高倉健は五十代にさしかかる頃だった。年下の女将に親しみを込めて「ママ〜」と呼び、よく部屋にも招いていた。

「『今日は、転ぶシーンがあったんだけど、背中に石が当たって痛かった』とか『今日は、雪が足りなくて、塩をまいたらしいよ』と、その日の出来事をフランクに話してくれました。しばしばおっしゃっていたのは、『俺はね、無口なんかじゃないよ。北国が似合うなんて言われているけど、九州の生まれだからね、俺』なんてね、ざっくばらんで楽しい方でした」

ネオンがあるわけでもない本州突端の地では、女将との語らいが気分転換になり、明日への活力になっていたのだろう。

日課はジョギング一時間

女将の茂子さんは高倉健が体調管理をする姿も見ていた。

「毎日、どんなに風が強くても必ず一時間ジョギングしていました。時間が空けば、すぐにジョギング。私は『そんなに走ると、逆に老化しますよ』なんて冗談を言ったこともあ

ります」

食ではとにかく肉を好んだ。

「お魚の生ものはあまりお好きでなかったですが、焼いたホッケは食べていました。健さんの好みは肉でしたので、夕食にはしゃぶしゃぶやすき焼きなど、必ずお肉を出しました。事務所から肉を送らせていたこともありました。炊き立てのご飯に「ごはんですよ！」や生卵をかけて食べるのもお好きでした」

ハードな外ロケを乗り切るためにも精力をつけていたのだろう。健康管理にも人一倍、気を付けていた。

朝食は決まって、東京の事務所から送らせたライ麦パンに健康ジュースだった。

「お弟子さんに、リンゴをジューサーにかけさせ、スプーン三杯の大豆の粉を入れたジュースを毎日飲んでいました」

ストイックに過ごす高倉健も、温泉は唯一、心がほどける時間だった。

「撮影がお休みの日はいつも『大浴場の掃除が終わったら、声をかけて』と言うんです。部屋のお風呂には温泉を引いていないので、大浴場で温泉に入るのを楽しみにされていました。だからまっさらな大浴場で、お湯を張りたての一番風呂に入っていましたよ」

「ホテル竜飛」は、平成十九（二〇〇七）年に改修したため、残念ながら高倉健が使った部屋や気に入っていた大浴場は残っていない。

いまの「ホテル竜飛」の露天風呂に入ると、海鳴りと風鳴りが響きあう。津軽海峡の先に北海道が見えた。大きな貨物船が通り、悠々とカモメが飛んでいる。激しい潮の流れを目《ま》の当たりにすると、映画「海峡」の数々のシーンが呼び起こされた。

四〇年の時を経て、杣谷社長が振り返る。

「青函トンネルの工事や映画の撮影は、津軽半島突端で暮らす私達には一足早いバブルでした。いまもよく思い出すんです。とりわけ健さんは、『たまに来るおじさんがずっといる』という、私にとっては近しい存在でした。出来事すべてが家宝です」

私は杣谷社長が話してくれたさまざまなエピソードを振り返りながら、ひとりで温泉を愉しんでいた高倉健に想いを馳せた。

高倉 健（たかくら・けん）
本名：小田《おだ》剛一《たけいち》
昭和6（1931）年2月16日～平成26（2014）年11月10日

第11話

スターたちの「修学旅行」

――石原裕次郎、渡哲也とあわら温泉「べにや」ふたたび

「風行草偃」の四字に込めた思い

男八人が岩風呂で温泉に入りながら、みなで万歳をしている写真がある。湯けむりのせいか、少しぼけているが、皆がみな、満面の笑み。よく見ると真ん中に見覚えのある顔が。石原裕次郎と渡哲也ではないか——。

他の写真でも裕次郎と渡哲也はねじり鉢巻きをしており、ご機嫌麗《うるわ》しい。

ここは福井県あわら温泉「べにや」。

「裕次郎さんは、とにかく温泉が大好きな方でした。ご宿泊された時は、遅めに起床されまして、起きてすぐに温泉へ行かれました。一日に何度も温泉に入るのですが、その度に、『奥ちゃん、お風呂行こうよ』と先代の父を呼びに事務所まで来たそうです」と、「べにや」の奥村隆司《たかし》社長が話す。

裕次郎は温泉から上がると、いつも二階のロビーにやってきて、ビールを片手に三〇〇〇平米もの日本庭園を見渡せるソファーで寛いだ。

裕次郎の座右の銘である「風行草偃」を色紙に記したのも、やはり温泉入浴後のロビーでのこと。昭和五十七（一九八二）年十二月六日のことだった。

昭和において石原裕次郎といえば、当代一のスター。銀幕では燦々と輝き、圧倒的な存

在感を放つも、解離性大動脈瘤《りゅう》などのいくつもの大きな病に苦しめられたことは、つとに知られている。裕次郎が温泉で火照った身体を庭からの風と好物のビールで冷ます。そんな心ほぐれた時に、「風行草偃」を書いたのだ。「風行草偃」が意味する「自然の摂理に逆らわずに、しなやかに生きていきたい」とは、裕次郎の素直な気持ちの表れなのだろう。

裕次郎の〝温泉と酒〟のエピソードをもうひとつ挙げよう。

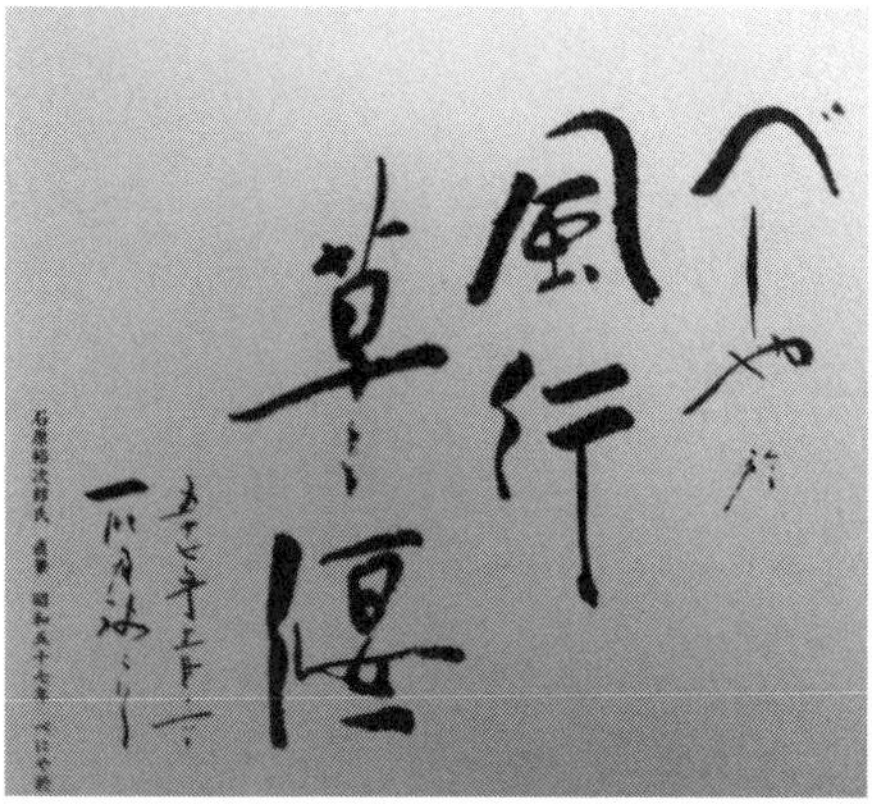

石原裕次郎が「べにや」に贈った自筆の書（宿提供）

四年後の昭和六十一（一九八六）年秋に「べにや」を訪れた時は約四〇日間逗留し、最後の訪問となった。

医師から塩分制限を告げられたため、まき子夫人は毎食の塩分チェックをしており、もちろんアルコールも控えざるをえない状況。

「べにや」の駐車場にはベッドを設置した石原プロのマイクロバスが常駐し、もしもの時はこのバスで東京に戻るという準備もしていた。

そうした周囲の緊張はよそに、裕次郎はいつものように温泉に浸かり、いつものように二階のロ

ビーに向かう。勝手知ったるロビーである。奥からリキュールを取り出し、強い酒を飲んでしまった……。その晩、高熱を出してしまい、都内の慶應義塾大学病院から医師が「べにや」に駆けつけるという事態に陥ったが、なんとか事なきを得た。

焼け残ったカセットとCD

第2話で、「べにや」をこよなく愛した志村けんの滞在エピソード、そして北陸の名旅館として名を馳せた「べにや」が二〇一八年五月の火災で全焼したが、宿の看板とシンボルの椎の木、わずかな調度品が残ったという話を綴った。実はこの火災の後にもうひとつ残されたものがあった。

それは石原裕次郎と渡哲也の歌声が収録された音源だ。

もともと裕次郎のファンは、「べにや」にやってきては音源を再生し、歌声を聴いては懐かしんだが、その大切な音源であるカセットテープとＣＤは金庫に保管していた。

焼けた「べにや」の跡から金庫が見つかり、カセットテープやＣＤが出てきた。ただ火事の熱の影響でカセットテープは歪《ゆが》み、ＣＤは音が出なくなっていた。

再生不能と思われたＣＤだったが、音楽や映像の企画、制作、販売をするテイチクエンタテインメントが尽力し、再生できる機材が見つかった。

「その知らせを聞いた時、裕次郎さんと渡さんとの思い出、父との思い出、火事の前にお客様と楽しんでいた時のことがよみがえりまして、涙が出てきました」と奥村社長が喜びをかみしめる。

令和三（二〇二一）年二月に「石原裕次郎・渡哲也　プライベート２」としてテイチクエンタテインメントからＣＤが発売された。裕次郎の一〇〇ページものフォトブックも付いている。

そして同年七月には不死鳥のごとく「べにや」は再建した。

先代がつくった裕次郎との縁

裕次郎と「べにや」の関係は、先代の奥村謙之助さんが裕次郎と学生時代からの友人だったことに始まる。それは裕次郎のデビュー前からの交友で、さらには青山のテーラーが同じという縁もあった。

裕次郎が押しも押されもせぬ大スターになると交流はさらに深まり、まき子夫人や石原軍団、石原プロを引きつれては、蟹の時季になると毎年「べにや」にやってきた。「べにや」には裕次郎が蟹をほおばっている写真が残る。

他のお客が寝静まる二十三時頃、当時の「べにや」にあったバー「むらさき」に皆が集

カラオケに興じる裕次郎(左端)と渡哲也(右から2番目)(宿提供)

結し、時には明け方まで酒やカラオケで盛り上がった。

ＣＤ化された音源は、このバー「むらさき」で裕次郎と渡哲也が歌ったものだ。

裕次郎は「長崎は今日も雨だった」「岸壁の母」「くちなしの花」「ラブユー東京」などの十八番《おはこ》を、渡哲也は「みちづれ」「おまえに」「赤提灯の女《ひと》」などを歌い、「俺は待ってるぜ」では一番を渡哲也が、二番を裕次郎が熱唱している。それぞれ三～四分程で、次々に歌声が流れる充実のＣＤだ。

心がほどけているからか、美味しい蟹で満足したからか、アルコールが喉を滑らかにしたのか、裕次郎の声はビブラートが効いていて、渋い低音ボイスがなんとも言えない色気を増している。

曲の間奏中に呟いた裕次郎の言葉が、またリアル。「岸壁の母」では、「しらふでやるのって、恥ずかしいな〜」。「星の流れに」では、「てれくっせえな〜」「これ、二番も三番もあるんですよね」「頼むぜ、兄弟」などなど。

「ラブユー東京」では、「涙の東京〜」の部分を「涙のべにや〜」と歌詞を変え、「最高に照れくせえな〜」と漏らす一幕も。

「みなさん、当店・むらさきにいらっしゃってありがとうございました〜」といった会場を仕切るアナウンスも入っていて、その場の風景が立ちあがってくるような臨場感がある。

マイクを片手に浴衣の裾がはだけた裕次郎の横でねじり鉢巻きをして歌う渡哲也の写真、裕次郎が女将とチークを踊っている写真なども合わせてみれば、裕次郎や渡哲也がどれほどこの時を楽しんでいたか、こちらまで微笑ましくなってくる。まさに昭和の慰安旅行そのものだが、裕次郎と渡哲也のやんちゃな表情からすれば、大人の男たちの修学旅行とでも言おうか。

交流はハワイの別荘でも

その縁は「べにや」先代の奥村謙之助から、現・奥村社長に引き継がれている。

「最初に裕次郎さんとお会いしたのは小学校五年生の頃でしたが、いつもお使いの『呉《くれ》

竹《たけ》』のお部屋にご挨拶に行きますと、子ども心に裕次郎さんのオーラを感じました」とその時を思い出して目をキラキラさせた。

裕次郎と奥村家の付き合いは「べにや」にとどまらず、ハワイにある裕次郎の別荘に呼ばれたこともあった。

「別荘の近くのレストランに食事に招かれた時は、テーブルに着くと裕次郎さんが直筆で食事に参加する全員の名前をそれぞれに書いたコースターが置かれてあったんです」と、奥村社長はいまも驚きの表情を浮かべる。

裕次郎にとって隆司さん（現社長）は友人の息子であり、通い詰めた「べにや」の跡継ぎだ。「おまえの結婚式の媒酌人は俺がやる」と約束していたが果たされることはなく、昭和六十二（一九八七）年七月に裕次郎は帰らぬ人となってしまった。

「夫婦仲良く」渡哲也が贈った言葉

奥村社長が渡哲也と初めて会ったのは、昭和五十九（一九八四）年に行われた「べにや」創業一〇〇周年の記念イベントでのこと。すでに、裕次郎にはドクターストップがかかっており、渡哲也が駆けつけた。「『西部警察』の大門《だいもん》軍団の団長がそこにいる……と、圧倒的な存在感でした。でも本当に気さくで礼儀正しい方でした」と第一印象を話す。

奥村社長が大学に入学し東京で一人暮らしを始めてすぐに、渡哲也の家を訪ねると、帰りがけに渡が着ていたジャンパーや上着など、何着も持たせてくれた。奥村社長が翌日に、御礼の電話をすると、その数日後、今度は渡から直筆の手紙が届いた。そこには両親への感謝の気持ちを大切にすること、時には休むこと、何より自分の体を大切にしなさいといったことが綴られ、まるで弟分にでも言い聞かせるような内容だった。

平成五（一九九三）年の奥村社長と女将・智代さんの結婚披露宴では、渡哲也が乾杯の発声をし、「夫婦仲良く」と言葉を贈り、披露宴では「みちづれ」を歌い、「おまえとみちづれに～」という歌詞を「智代とみちづれに～」と変えて場を盛り上げ、「幸せになってください」と言葉を添えた。

ちなみに媒酌人は、裕次郎の兄の石原慎太郎が「弟ができなかったので、私でよければ」と買って出てくれたそうだ。

「渡哲也さんは私に対してもいつも丁寧な言葉を使い、誠実で謙虚で、周囲に気配りのできる人でした。本当に素晴らしい人だなと……、素晴らしいという言葉しか思い当たりません。

色でたとえるなら、裕次郎さんはまさしく金色。渡さんは銀色。華やかな裕次郎さんを支える『いぶし銀』が渡さんでした」

平成三十（二〇一八）年の「べにや」火災後も、渡哲也からも励ましの電話がかかって

きた。いまも神田正輝や舘ひろしが気にかけてくれるという。

取材中、奥村社長と女将の智代さんは度々、「心が健康であることが大切」と言いながらお互いを見合った。お客をもてなすには、まずは奥村夫妻が心身ともに健全であること。それはスタッフもまたしかりだ。奥村社長夫妻が日々実践していることには、結婚披露宴で渡哲也が贈った「夫婦仲良く」が根底に流れているような気がした。

石原裕次郎と渡哲也、石原プロの心意気はいまも「べにや」に生きている。

石原裕次郎（いしはら・ゆうじろう）
昭和9（1934）年12月28日～昭和62（1987）年7月17日

渡 哲也（わたり・てつや）
本名：渡瀬《わたせ》道彦《みちひこ》
昭和16（1941）年12月28日～令和2（2020）年8月10日

第12話

素顔をさらさなかった女王

――美空ひばりと山田温泉「風景館」、いわき湯本温泉「新つた」

ほんの数時間の滞在で旅立つ

その一本の道には人が鈴なりとなり、美空ひばりの到着をいまかいまかと待っていた。記念撮影をするために、写真館からカメラマンも呼ばれていた。村は大騒ぎだ。

そうして多くの人を待たせたものの、美空ひばりが到着したのは夜遅くになってから——。

昭和三十二（一九五七）年、美空ひばりは長野県須坂市の須坂映劇で行われたステージを終えて、母と弟と興行師らと一緒に、長野県信州高山温泉郷山田温泉「風景館」にやってきた。

用意された離れの特別室「飛葉里《ひばり》」に滞在したのはほんの数時間で、翌朝、早く発《た》っていった。

美空ひばりは去り際、一人の女の子に手を差し出した。

この時の様子は、五〇年の時を経て、平成二十一（二〇〇九）年三月三日付の信濃毎日新聞に投稿された。

「旅館（風景館）の親せきということで、私の亡き母が招かれ、当時2歳6カ月だった私の娘を連れて行きました。翌朝、ひばりさんが宿を去る時、娘に『お嬢ちゃん、握手』とすてきな笑顔で声を掛けてくださったとか。娘は54歳になりましたが、今でも語り草にな

っています」（牧映子・78歳・須坂市）

山田温泉では、『風景館』といえば、ひばりがやってきた」と、まるで昨日の出来事のように語られている。美空ひばりの訪問は、いわば村のみんなの宝物だ。

「風景館」に滞在した美空ひばり（前列中央）（宿提供）

心躍る「風景館」の魅力

渓谷に建つ「風景館」は、訪ねてきたお客が思わずスケッチしたくなるほどの渓谷美が広がる。「風景館」と宿名が付いたのもそうした理由からだ。

ただただ何もせずに、その渓谷だけを眺めていたくなる。

特に渓流のそばにある露天風呂が秀逸だ。仙人の寝床と呼ばれる一枚の大きな岩から作られた「仙人露天岩風呂」は、この世のものとは思えない極楽の空間。渓谷の清らかな風が吹き渡り、木々の緑しか目に入らず、木漏《こも》れ日のなかで緑の

匂いを嗅ぎ、湯に浸かり続ければ、本当に仙人になってしまいそうだ。

美空ひばりは、この極楽を体験する余裕はあったのだろうか。

このつややかな湯に浸かる時間はあったのだろうか。

温泉や旅の魅力を伝えることを生業《なりわい》とする私には、美空ひばりが少し不憫《ふびん》に思えてならない。

いやむしろ、煩悩を満たしてしまうと、スターにはなりえないのだろうか――。

周囲の熱狂とは裏腹に

温泉をテーマに取材をしていると、旅館のご主人や女将から「美空ひばりが来た」という話はよく聞く。実はそれほど珍しいことではない。

昭和時代、芸能において稼ぎの中心は地方興行であった。美空ひばりによる興行は多くの人を集め、引っ張りだこだった。美空ひばりが全国行脚《あんぎゃ》をする際に当然、各地の旅館を訪れることになる。

本書第24話に登場する山形県かみのやま温泉「古窯《こよう》」もそのひとつだ。

ただ、美空ひばりは異色だ。

日本人たるもの、政治家も文豪もスターも、温泉旅館に滞在して寛げば、素顔をさらし

てしまうものだが、美空ひばりにおいてはそうしたエピソードがほとんど出てこない。残された話に共通しているのは、ひばりを受け入れた宿側の人たちの熱狂ぶりと、ひばりの滞在時間の短さ。

美空ひばりはどうして温泉旅館で素顔をさらすことがないのか。

その理由を一〇年以上前に聞いたことがある。

語ってくれたのは福島県いわき湯本温泉「新つた」の大女将・若松キンさんだ。

美空ひばりが「新つた」にやってきたのは、昭和四十年代、ひばりが三十歳を超えた頃だった。

昭和三十九（一九六四）年に開催された東京オリンピックの大成功も手伝い、「柔《やわら》」が一八〇万枚というひばりの最大のヒット曲となり、昭和四十年には第七回日本レコード大賞を受賞した。翌年には「悲しい酒」が一四五万枚、その後も「真赤な太陽」が一四〇万枚の売り上げを記録し、昭和四十年代はまさに美空ひばりの全盛期とも言える。

そんなひばりと「新つた」を結び付けたのは、宿の常連だった興行師だった。興行師は当時の大女将である若松ユキさんを慕い、その信頼から、美空ひばりの興行が近隣で行われる度に「新つた」を利用した。

この日も、ひばりは茨城県水戸市でステージを終え、母の喜美枝《きみえ》、弟と興行師のいつも

の一行で「新つた」に到着した。

その時の様子を当時、若女将だった若松キンさんは鮮明に覚えている。

「地味な色の洋服を着て、帽子を深くかぶり、サングラスと大きなマスクをしていました。玄関に到着されると、ひばりさんは駆け足でお部屋に向かわれました。その素早さは異常なほどで、私も、お出迎えしました従業員たちも、ひばりさんのお顔を見る隙はありませんでした」

ひばりの部屋として用意したのは特別室。一〇畳の居間とベッドルーム、そして三畳の小あがりがある広い部屋だったが、

「ひばりさんのお母さまの喜美枝さんが『もっと狭い部屋を』と希望されまして、六畳一間の部屋に変えました」。

すると喜美枝から「金づちと毛布が欲しい」と連絡があった。

「六畳一間のお部屋の壁や柱に、金づちで毛布を打ち付けて、部屋の明かりすら漏れないようにしようとしたんですが、私は『部屋が傷つく』と怒りました。そこまでして、ひばりさんのプライバシーを守ろうとしていました」

なんて仰々《ぎょうぎょう》しい――。

さらに驚くことに、

「ひばりさんが『広いお風呂に入りたい』というので、部屋の外の家族風呂に入浴してい

ただくことになったのですが、喜美枝さんは他のお客様とひばりさんを会わせないようにと、お部屋から家族風呂までのほんの一五メートルの廊下に、三人の男性を見張りに立たせていました」。

ひばりのプライバシーを徹底的に守る喜美枝と比較して、若松キンさんは他の著名人が滞在した時の様子にも触れた。

「新つた」の露天風呂（宿提供）

「うちは石原裕次郎さん、長谷川一夫さん、江利チエミさんをはじめ、たくさんのスターがやってきました。裕次郎さんなんて、本当に気さくで、オープンな方でした。でも、ひばりさんはね……」

とはいえ、ひばりもただ守られているだけではなかった。

「ひばりさんご本人は本当に普通の方でした。お母さまに止められてもひとりで大浴場に行かれていましたからね」

ひばり一行は、大広間を貸し切って夕食を摂り、テーブルにはいわきの名物のヒラメの刺身や、肉厚のヤナギガレイの焼き魚が並んだという。朝食には生卵を

出した。

「生卵を見て、ひばりさんと一緒にいた男性が『卵焼きがいい』と言い始めたんです。それをひばりさんは『出されたものを食べなさい』と制する場面がありました。やはり普通の感覚をお持ちの方でした」

珍しく若松キンさんは、ひばりの素顔を垣間見られたわけだが、よりひばりと接触があった部屋専属の仲居はどうだったのだろう。

仲居が見たひばり

美空ひばりが母・喜美枝と二人三脚で歩んだ話は広く知られているが、温泉旅館での滞在中も母の采配は決して緩まなかった。

娘を守るガードが徹底しているなかで、唯一、部屋に入ることを許された仲居となると、並みの仲居では務まるわけがない。

ひばりの部屋に付いた仲居は、当時、お客からも女将からも信頼が厚かった〝ちいちゃん〟と呼ばれる仲居歴五〇年のベテラン。

〝ちいちゃん〟はお客に対して、「洗濯物があれば出してくださいね」と言っては、お客の私物を手洗いして、翌朝のチェックアウトまでに返した。

若松キンさんもその仕事ぶりを、「〝ちいちゃん〟の接客を受けたいというお客様も多くて、一日に数組の指名がありました。昭和四十年代といえば、仲居は給料制ではなく、チップで生計を立てていましたが、〝ちいちゃん〟は他の仲居と比べて三倍以上は稼いでいましたね」と語る。

もちろんひばり一行からも同様に信頼を得ていたのだろう。

「〝ちいちゃん〟は、他のお客様と同じように、ひばりさんの場合はハンカチとストッキングを洗い、アイロンをかけ、翌朝、渡していました」

〝ちいちゃん〟は滞在中のひばりの様子を多くは語らなかったが、

「ひばりさんは、お母さんのガードに何一つ我儘を言わなかった。ただ化粧をとると、ひばりさんはお母さんにそっくりだった」とだけ、周囲に漏らしていた。


いわき湯本温泉を訪ねた時に、駅前の食堂に入った。ふとした会話から、食堂の女将も美空ひばりの大ファンだと知り、取材に来たことを伝えると、その女将は私を塩屋埼灯台に連れて行ってくれた。

一〇分程の車中で、「私ね、一度、ひばりちゃんのステージを生で聴いたことがあるの。あの生き生きした歌声は、ただ歌をうたうのではなく、私の心に語りかけてくれたの。だから私の心のなかには、いまもひばりちゃんが生きているのよ」と話してくれた。そして

どのくらい聴けば、このように擦り切れてしまうのだろうと思わせるほど古びたカセットテープを見せてくれた。

いわき七浜の中央に位置する海抜七三メートルの断崖に塩屋埼灯台が建ち、この灯台のたもとに、ここがひばりの名曲「みだれ髪」の舞台であったことを示す歌碑が建てられている。その女将は、ひばりに会いにいつもここにやってくるのだという。

風が強く吹いている。風に髪を乱されても女将は構うことなく、歌碑を見上げていた。まるでひばりに語りかけているかのように。

美空ひばりが亡くなったのは平成元（一九八九）年。あれから長い月日が経っても、女将はひばりを忘れない。その姿をひばりは天上から見つめている。

そんな気がした。

美空ひばり（みそら・ひばり）
本名：加藤《かとう》和枝《かずえ》
昭和12（1937）年5月29日～平成元（1989）年6月24日

第13話

裸の大将は温泉で画力を磨いた

——山下清と上牧温泉「辰巳館」

花火と温泉を愛した天才画家

「どん、ひゅ〜〜、ばぁ〜ん」

花火の音が聞こえる季節になった。

日本一の大花火と誉れ高い長岡花火に感嘆し、「みんなが爆弾なんかつくらないできれいな花火ばかりつくっていたらきっと戦争なんて起きなかったんだな」と、大作「長岡の花火」を制作した天才画家・山下清。最期の言葉も「今年の花火見物はどこへ行こうかな」だった。

坊主頭に大きなリュックを背負って日本各地を放浪する山下清の姿は「裸の大将」と呼ばれ親しまれた。花火好きとして周知されている山下清だが、随筆集『日本ぶらりぶらり』を読めば、実は花火以上に温泉も好きだったことがわかる。

「ぼくは三十になるまで温泉というものを知りませんでしたが、知ったら大変すきになってどこへいっても入ります」

放浪中は駅員に「温泉はありませんか？」と尋ねては温泉を訪ねた。

島根県玉造《たまつくり》温泉では温泉プールで泳ぎ、山形県天童温泉では将棋の駒の形の風呂に驚き、

愛媛県道後温泉本館から町並みをスケッチした。群馬県伊香保《いかほ》温泉や草津温泉の大きな露天風呂が気に入り、度々入りに行っている。

伊香保名物の赤茶けた「黄金の湯」を「温泉の色は茶色で土でよごれたような色をしている」とユーモラスに語る様は、温泉を専門とする私も脱帽だ。

戦後、二年余に及ぶ全国放浪を始めたのは昭和二十六（一九五一）年、山下清二十九歳の頃。当時、温泉といえば混浴風呂が日常の風景だった。そうした混浴体験は山下清に影響を及ぼした。

「女のお尻のよくみえるのも温泉ですが、ぼくの絵はこのごろやっと色気がでてきたといわれますが、それは日本中の温泉で女の人の乳やお尻をたくさんみたからでしょうか」

温泉で画力が磨かれたのか――。

山下清のはり絵が大浴場の壁画に

無類の温泉好きの山下清が、一度だけ、温泉のためにはり絵を作成したことがある。

それは群馬県利根郡みなかみ町に湧く、水上《みなかみ》温泉郷上牧《かみもく》温泉「辰巳館」へ贈った作品だ。

そしてその絵を特殊ガラスで再現し、浴場の壁画にしたものが、いまも「辰巳館」の大浴場にある。

外から光が入る日中の大浴場では、お湯がキラキラと反射した。谷川山系の上牧温泉のナトリウム・カルシウム――硫酸塩泉・塩化物泉は無色透明で艶やかなお湯だ。外からの光でお湯は輝き、お湯に壁画が映り込む。湯けむり越しに壁画を眺めると、山下清への想いが膨らんだ。大浴場の入り口には山下清が入浴している写真が掲示してあるから、なんだか一緒にお風呂に入っているような気分になってくる。

辰巳館へ贈ったお風呂のはり絵

山下清の作品が大浴場の壁画になるなんて、どのような経緯があったのだろう――。

一〇年以上前になるが、当時「辰巳館」会長だった深津禮二《れいじ》さんに事情を聞いたことがある。

「昭和三十年代半ばのことです。私はまだ三十歳を過ぎたばかりで、旅館経営に情熱を燃やしていました」と深津さんは振り返った。

温泉旅館の顔はやはり大浴場。旅館にとって最も存在感があり、お客を癒やせるのもお風呂なのだ。

深津さんは、旅館経営の情熱をまずは大浴場の改装に注ごうと、建築雑誌を読み漁った。

「高名な建築家に設計を依頼しましたが、建築家の先生は『前衛的なデザインがいいだろう』とおっしゃるんです。しかし私は、お風呂は誰もが親しみを持てるものでなければと思いました」

式場隆三郎医師（左）と山下清（右）（宿提供）

そして深津さんは「山下清画伯しかない！」という考えに至った。

昭和三十年代になると、山下清は圧倒的な注目を浴びていた。

それまで幾度も放浪生活を送っていた山下清だが、昭和二十八（一九五三）年にアメリカのグラフ誌『ライフ』がその

才を取り上げたことがきっかけで、「日本のゴッホ」と評される。翌年には「東京タイムズ」に連載された山下清の放浪日記が話題となり、三十一（一九五六）年には東京・大丸百貨店で「山下清展」が開催され、一カ月で八〇万人が来場する大盛況ぶりを見せた。三十三（一九五八）年には東宝映画「裸の大将」が公開され人気を博し、スターの存在感を見せていた。

話題性に事欠かない、いわば超売れっ子の山下清が、なぜ田舎の温泉旅館のためだけに作品を制作したのだろう。

実は「辰巳館」の常連客に、山下清の後見人である精神科医の式場隆三郎がいた。深津さんが式場医師に相談すると、間もなくして式場医師は山下清を「辰巳館」に連れてきたというから、お客さまさまである。

時に昭和三十五（一九六〇）年、山下清三十八歳。

日本中を放浪することで、日本各地の温泉に浸かり、温泉の力を知っていた時期である。またヨーロッパの十数カ国を約四〇日間スケッチをして回る旅を目の前にしていた。

珍道中のスケッチ行脚

深津さんと式場医師が打ち合わせする横にいた山下清の振る舞いを、深津さんが回想す

る。

「客室から見える谷川連峰と利根川の渓流をずっと眺めていました。それも一時間以上、一言も話さずに、ただ景色を眺める山下清画伯の姿を見て、よく飽きないものだなと感心したのを覚えています」

山下清が「辰巳館」に滞在中、弟の辰造と深津さんの三人で谷川の山へスケッチに出かけたことがある。

深津さんは山下清が描くための画用紙を持ち歩く係だった。

「山下清画伯は、スケッチが完成しなくても、興味がわく風景やものと出合えば、描きかけのスケッチを投げ捨て、私から画用紙を取り、新しいスケッチを始めました。弟さんは、画伯が描き散らしたスケッチ画を拾って歩く。そんな珍道中を三人でやっていました」

深津さんが笑みを見せ、思い出深げな表情をするのは、スケッチ行脚のお昼時のことだ。

「画伯は白いご飯を大きくにぎったおにぎりが大好物でした。澄んだ空気をご馳走に、みんなでおにぎりを腹いっぱい食べました」

深津さんが清と宿で夕食を共にした時のことだ。

「ビール瓶の栓を開ける音に、山下画伯が驚いて、走って逃げたことがありました」

どこまでも無垢な山下清である。

数日してから、山下清はたくさんのスケッチ画を持ち、暮らしていた八幡《やわた》学園（養護施

設）に帰って行った。

二カ月ほどして、「大峰沼と谷川岳」と題されたはり絵が完成した。

平和の象徴「大峰沼と谷川岳」

「大峰沼と谷川岳」は、澄み渡った青い空に白い雲が浮かび、トンボが飛んでいる。木々の葉は紅葉に色づき、陰影なども表現され、秋の夕暮れを彷彿とさせる。遠くに見えるのは谷川岳だろう、山の頂に白いものが見えるのは、すでに初雪が降ったという設定か。

絵の中央には大きな沼が描かれ、沼にはボートが浮かび、こいでいる二人は親子だろうか、恋人同士だろうか。沼で釣りをしているのは、お父さんと娘のようだ。

秋の好日を人々が愉しんでいる風景である。実に平和な光景に、私は数々の温泉入浴で会得した「温泉で幸せになる」ということを表した絵なのだろうかと推測する。

「実際には大峰沼はボート遊びは禁じられており、沼周辺が散策できるのみです」と深津さんが教えてくれた。スケッチを行ったのは春先でもあり、「大峰沼と谷川岳」は山下清の心象風景だったのかもしれない。

「初めて完成した絵を見た時、本当に感激しました。思い描いたお風呂場の絵でした」と、深津さんは嬉々として語ってくださった。

深津さんいわく「お風呂の理想の絵」を山下清が制作した。

今度は、それを壁画にする作業が待っていた。丹念で精密な山下清の絵を壁画で再現するのは、至難の業である。

深津さんと山下清と式場医師は横浜のガラス工場に何度も足を運んでは、はり絵の色のタッチをガラスで再現できるか、繰り返し試みた。繊細な絵の再現は難航を極めたが、その制作チームに美術工芸家の手塚昇も加わり、特殊ガラスを使用した。

大壁画「大峰沼と谷川岳」がある、辰巳館の「はにわ風呂」

完成までに約五〇日間を要した。

最後は「山下清」というサインを黒いガラスで作り、はめこむ作業だった。

こうして昭和三十六（一九六一）年、「辰巳館」に「はにわ風呂」が完成した。

「あれから半世紀以上になります。手が届かないところはブラシで、あとは人の手で掃除をしています。お客様に『よくもっているね』と言われますが、父が情熱を注ぎ、ご縁で完

成した風呂は時代が変わっても色褪せないですね」（現社長の深津卓也さん）
「辰巳館」には「大峰沼と谷川岳」以外にも、水彩とマジックを用いた「はにわ風呂」「宴会のひととき」等、多くの山下清作品が残っており、廊下に展示されている。

深夜に山下清の絵を眺めて入浴

「辰巳館」は炭火山里料理を出してくれる。雪深い越後路に伝わる、高貴な方への献上物の残り物である「御裾分《おすそわけ》」に由来する田舎料理で、山菜や川魚を囲炉裏《いろり》で焼いたもの。「源泉せいろ蒸し」は、上牧温泉の源泉で肉や野菜を蒸した料理で、「辰巳館」名物の温泉粥と同じくやさしい味がする。

夕食を済ませてから大浴場に向かうと、壁画がライトアップされていた。昼とはまた表情が違って、壁画がしっとりとしていた。

私は、山下清とお風呂に入る空想をした。

明るい昼だと、山下清に胸やお尻をじろじろ見られそうだから、ほの暗い方がいい。

「ねえ、清さん、この湯はどう？」

「きれいだね」

「清さんは温泉と花火が好きだけど、私も同じだよ、気が合うね。ちなみに温泉と花火、

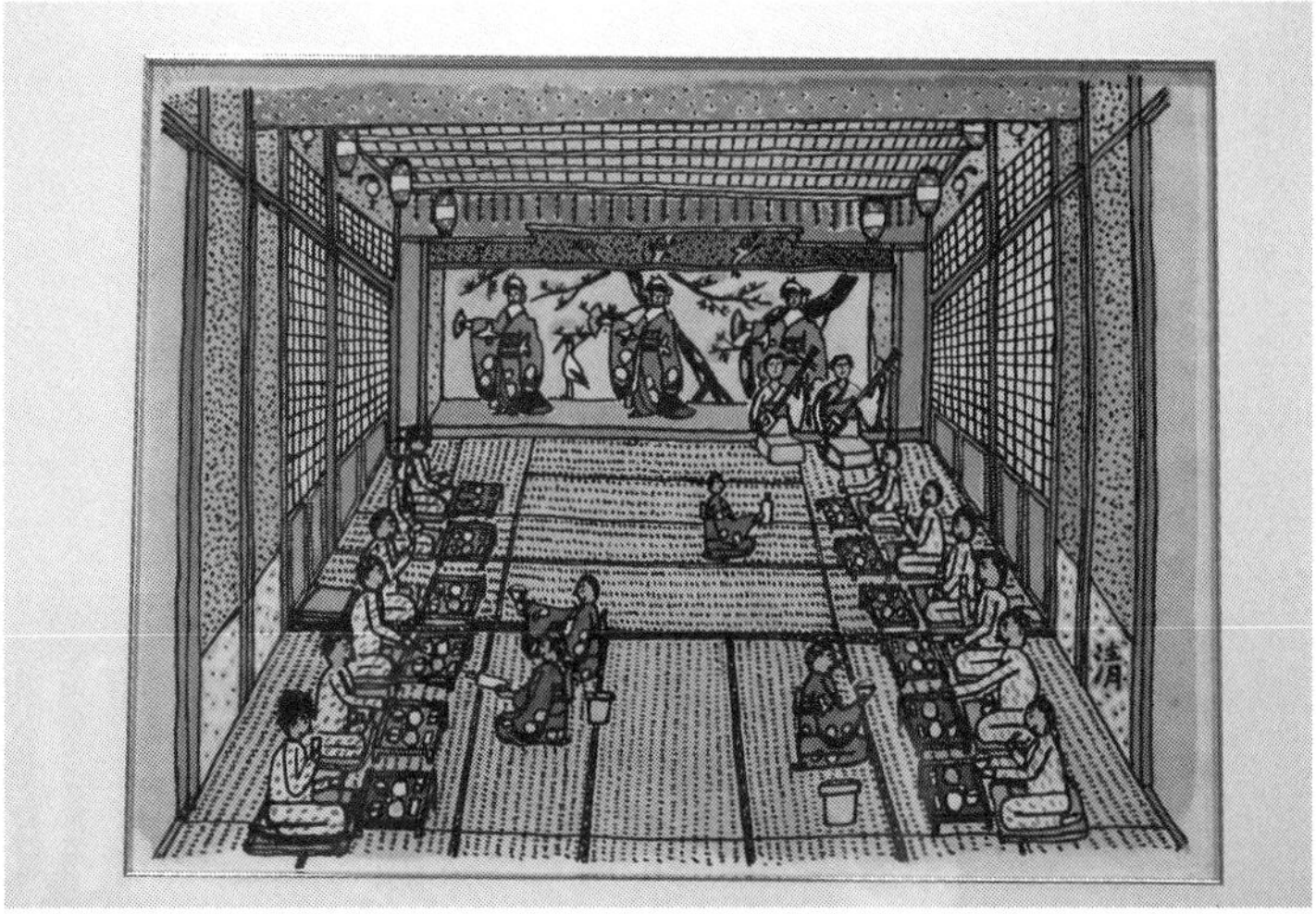

山下清画「宴会のひととき」（宿提供）

どこがそんなに好きなの？」

「みんなが幸せになるところだね」

温泉と花火を愛した山下清との会話はいくらだって続きそうだ。

新潟県長岡市で生まれた私は長岡花火を見て育った。好きが高じて、長岡花火の礎を築いた花火師・嘉《か》瀬《せ》誠《せい》次《じ》の評伝『白菊-shiragiku- 伝説の花火師・嘉瀬誠次が捧げた鎮魂の花』という本も書いた。その取材中に嘉瀬さんから、山下清が花火の打ち上げ現場に現れ、「危険だからおっぱらった」というエピソードを聞いたことがある。

そんな嘉瀬さんの言葉がある。

「花火てのはな、みんなぽかんと口を開けて無になれるだろう。それがいいんだ」

温泉もそうだ。

ぽかんと口を開けて、頭を空《から》っぽにできる。

無垢になれる。

実は、温泉と花火がもたらすものは同じではないか。曇りのない澄んだ眼差しで、嘘のない表現をし続けた山下清がこの二つを好んだということが、その証ではないか。

山下 清（やました・きよし）
大正11（1922）年3月10日～昭和46（1971）年7月12日

第14話

巨匠を和ませた絶妙の「間合い」

――大林宣彦と由布院温泉「玉の湯」

「我がこわもとが癒やされる場所」

ＮＨＫラジオ第一で、「山崎まゆみのぷ〜く、ぷく。。。」という冠番組を持たせてもらっていた時期がある。二時間の生放送で、電話をつないで温泉地から旬の情報を届けてもらい、珍しい海外の温泉を話題にし、ゲストに温泉を語ってもらうコーナーで構成された温泉三昧の番組だ。

「転校生」（昭和五十七年）から始まる尾道《おのみち》三部作や数多の名作で知られる映画監督の大林宣彦《のぶひこ》さんにゲストでご出演していただいたのは、平成二十五（二〇一三）年二月二十一日のこと。

冒頭の温泉観から魅了された。

「温泉は好きを通り越していますね。

でもね、温泉グルメやお湯の質、建物がいいというのではなくてね、私にとっては『人』なんです。

温泉は基本的に旅館でしょ。隣の人とあまり関わらないホテルと違って、温泉はひとつの家族、隣にいる人とも同じお湯に入って、親しくなっちゃう。旅館の女将さんって、あ

れはお母さんのような存在で、そういう『人』に出会うのが温泉の楽しみなんです」

撮影で度々温泉地を使うが、脚本を書くために大分県由布院《ゆふいん》温泉（由布市）に一週間ほど逗留することもあるという。

「僕はね、シナリオを二～三行書いては、お風呂に入ったりします。お湯をさっと全身に浴びると、気持ちがいい方にぽんと変わるんです。温泉は我がこわもとが癒やされる場所」と語ってくださった。「こわもとが癒やされる」とは、心身ともに強張りが取れるという温泉の真髄を大林監督流に表現したのだろう。

「人間は、ひとつのことを考えすぎると、こだわりすぎる。こだわると、体がちぢこまって、変な人間になってしまいます。

ふっとお湯を浴びると、自然界に戻って深呼吸ができて、僕も自然の中の一部なんだなと思う。自然と一体となることで、優しさを学ぶということです」

大林監督の潤いのある低い声で、かみしめるようにゆったりと発せられる言葉の数々は、聴いているだけで心がほころんだ。そして監督の存在そのものが温泉のように感じられたから、この日の大林監督の様子を、

「私は監督のお隣に座っていますがほかほかとして、まるでスタジオに温かいお湯が溢れているようです」とリスナーに伝えると、大林監督は少し強い口調で返した。

「本当の僕は強面《こわもて》の人間なのかもしれません。寒風ふきすさぶなかで生きているのかもし

れないし、だから温泉に憧れるのかもしれない。
心があたたかい人に憧れるから、そういう人から吸収しようとするから、それで温泉のようになってきているのかなと思う」

映画を撮ることに命を削る厳しい一面を垣間見て、心を打たれた。

生放送が終わり、大林監督をお見送りに廊下へ出た時に、「放送中に話した由布院の宿はね、『玉の湯』ですよ」と教えてくださった。

公共の電波のＮＨＫでは温泉地は語れても、宣伝になってしまうという理由で固有の旅館名は明かせない。だから帰りがけに、そっと耳打ちしてくれたのだ。

「おもてなしは、エンタテインメント」

大林監督の定宿である大分県由布院温泉「由布院　玉の湯」には、手すきの和紙に数々の著名人が筆でその時の心情を記した芳名帳がある。大林監督の言葉も残っていた。

まるっこい文字で、まるで一枚の絵のように配置されている。

「映画は、穏やかな一日を、創る。」

（二〇〇二年三月一日）

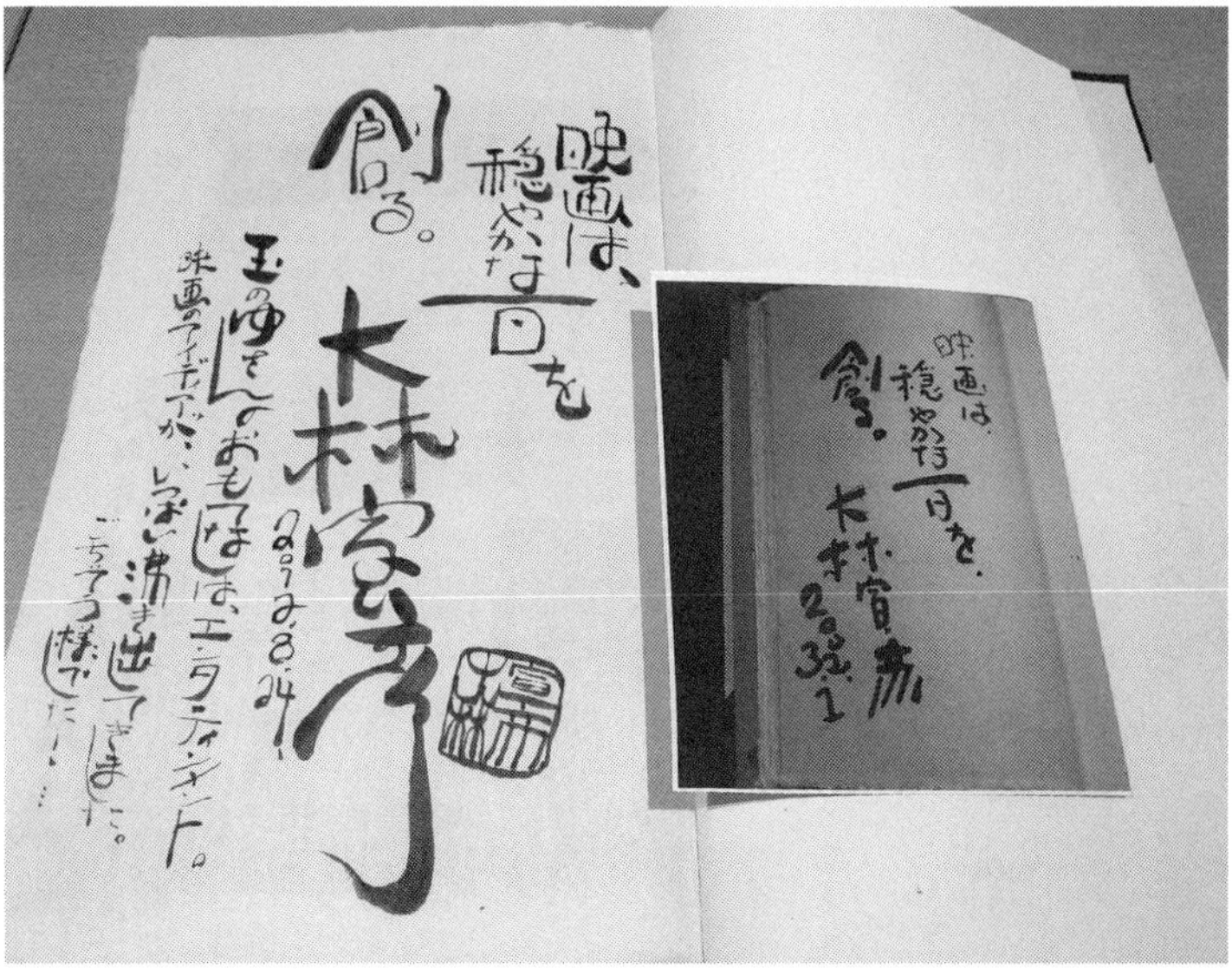

大林監督の言葉が書かれた芳名帳

「映画は、穏やかな一日を創る。
玉のゆさんのおもてなしは、エンタティンメント。
映画のアイディアが、いっぱい沸き出してきました。
ごちそう様でした！……」
（二〇一二年八月二十四日）

大林監督が評する「玉のゆさんのおもてなしは、エンタティンメント」とは、何を指すのだろう――。

観光客で賑わう「湯の坪街道」から脇道に入り、小さな橋を渡ると雑木林が見える。白い木の板に「由布院 玉の湯」と記された案内板から、ゆるやかにカーブする小道を三〇メートルほ

ど歩くと玄関にたどり着く。安野光雅《あんのみつまさ》が描いた「玉の湯」という看板と、大きな壺に活《い》けられた四季折々の木々や花々が迎えてくれる。

そのまま歩いて行くとロビーに出る。ロビーの暖炉からは、ぱちぱちという薪《まき》が燃える音と木が焦げる匂いがする。室内の明るさは最小限に抑えられ、欅《けやき》の一枚板の大きなテーブルに、可憐なピンクのアルストロメリアがガラス製の一輪挿しに飾られてあった。ソファーに腰かけ、雑木林に目をやると、庭に光が射していた。その柔らかな光景に、ふっと体から力が抜けた。

ロビーの壁一面には蔵書が収納されている。書棚には『文藝』『新潮』『群像』のバックナンバーが一〇〇冊ほど並び、その横に昭和三（一九二八）年製造の蓄音機が置かれている。

客室はすべて森のなかに佇む「離れ」形式で、「玉の湯」はどこにいても、手が伸ばせる距離に森があり、ゆったりとした時が流れる。

大林監督は自然豊かな環境の「玉の湯」を気に入っていたようだ。監督が、部屋を担当する女性に「あの草花はなんだろう？」と聞くと、名前のみならず植生まで教えてくれるから、一週間や一〇日間滞在しても、まるで別荘や我が家にいるような心地だったと話してくれた。

そしてもうひとつ付け加えた。

「玉の湯が好きなのは、ほどよい所に人の気配があるからなんです。安心するんです」

時代を先取りしていた由布院

大分県由布院温泉といえば、全国屈指の人気温泉地だが、その道のりには紆余曲折があった。

五〇年以上前、由布院は「奥別府」と呼ばれていた。当時、旅館の負けん気が強かった若者三人衆がドイツ、フランスの温泉地を訪問し、保養を目的とした温泉地の町並みや宿のあり方に感化され、帰国後は由布院の町づくりに活かした。

だが時は、昭和の高度経済成長期にさしかかろうとしていた。消費に重きが置かれる時代、他の温泉地は、主流の旅行形態だった団体ツアーを受け入れるために一〇〇室規模の大型旅館が乱立し、湯水が湧くごとく稼げた。その流れに逆行するように、自然に優しい温泉地や旅館を実践してきたのが由布院だった。いまでいうＳＤＧｓ（持続可能な開発目標）の概念に五〇年以上前から取り組み、ようやく時代が追いついた。

その若者三人衆のなかのひとりが「玉の湯」の会長・溝口薫平《くんぺい》さん。宿泊業界では〝旅館の神様〟と崇められている方だ。

「毎日散歩しますが、出会う小学生からも『薫平さん』と声をかけられます」と、柔和な

表情で物静かに話す。そういえば、大林監督も「薫平さん」と呼んでいた。

薫平さんに誘われて、ロビーの暖炉の前で時を過ごした。薫平さんは記憶をたどりながらぽつぽつと語られた。

「大林監督は、ふわふわ〜とした穏やかな人でした。いつもご夫婦でいらっしゃいました。映画を撮り終え、区切りがつくと、やって来ていたように記憶しています」

他にも印象に残った方はいますか、と尋ねると、薫平さんは、「うちは『気が向いた時に描いてください』と部屋に硯と筆を入れておくんです」と芳名帳を広げた。そのページには見覚えのあるタッチの絵が描かれていた。

「池波正太郎先生はこの絵を私の目の前でさらさらと描いてくださいました。池波先生は、いつも『ただいま〜』と入って来られましたので、私は『お帰りなさい〜』と迎えました」と回想する。

芳名帳には人気流行作家や建築家、日本を代表する文化人の名前が並ぶが、最も多く出てきたのは批評家の小林秀雄。一年に六回来ていた年もある。

「田舎の山の温泉地で、三〇年後、四〇年後のあるべき由布院の姿を描くときに、小林先生のような文化人との交流によって、私は未来を構想しました」と薫平さんはおっしゃる。

そうした文化人たちとの語らいの場所は、いつもこのロビーだったそうだ。

その交流は薫平さんにどんな影響を与えたのだろう。

「見守る」ということ

「玄関で車が止まると、お客様がそこに溜まってしまうから困る」と薫平さんが悩みを呟いた時に、すかさず「玄関を奥にしたらいいんだよ」と答えたのが小林秀雄だった。

「小林先生からはほんの一言だったんですが、思えば、『間』を教えていただいたように思います。

　車を降りて、すぐに旅館の玄関に入るのではなくて、雑木林のなかを歩く。それも直線ではなく曲線を歩く。そしてようやく到着した玄関に『玉の湯』の看板がある。このアプローチがお客様には大切な時であり、『間』なんだと思います」

　薫平さんが小林秀雄からヒントを得た玄関までの道のりは、時間にしたらわずか数十秒かもしれない。だが、お客にとっては外の世界で着ていた心の鎧を脱ぐ空間となる。

「玄関を奥に移して、数年経ってから小林先生に『よくなったね』と言われました。小林先生は見守ってくださっていたんですね。

　私どもは、お客様に育ててもらいました。それはお客様に見守られてきたということです」

宿の玄関まで伸びる小道

「お客様に育ててもらった」とは、他の宿泊業の人からもよく聞くが、〝旅館の神様〟はさらに深い。

「お客様に『いらっしゃいませ』と、べったりとつくのは『監視』です。うちはそうではなく、お客様を『見守る』ようにしています。『監視』と『見守る』は大きく異なります。

玄関までの道のりと同じように、すべては『間合い』なんでしょうね」

薫平さんは昭和三年製造の蓄音機で、小林秀雄がロビーで聴いたであろうモーツァルトの楽曲をかけてくれた。アナログなその音は一律に正確に奏でるものではなく、人が語るような実に表情のある音だった。

ロビーからは、小林秀雄の自宅の桜

を分けてもらったという桜の木が見えた。まるで「玉の湯」を見守るように。

　私が「玉の湯」を訪れ、溝口薫平さんに初めてお会いしたのは二〇〇九年の初夏。それからも数年に一度、薫平さんを訪ねている。

「玉の湯」に行く度に「ほっ」とする感情は何がもたらすのだろうと、いつも気になっていた。かつてある雑誌に「玉の湯の凄さは絶妙な距離感」と書いたことがあるが、私がずっと感じてきた「絶妙な距離感」とは、「お客を見守る」という「玉の湯」のスタンスだったことを今回の滞在で知った。

　それは、「玉の湯」での滞在期間だけでなく、遠くからでも気にかけてくれるという、長短遠近の「間合い」を含んだものなのである。そうした「玉の湯」の「間合い」がお客に伝わり、池波正太郎に「ただいま～」と言わしめ、大林宣彦監督は「おもてなしは、エンタテインメント」と評したのだろう。

　その「間」とは一朝一夕で作られるものではない。長い年月をかけてお客と交流しながら丹念に磨き上げ、到達した「玉の湯」の境地なのである。

大林宣彦（おおばやし・のぶひこ）
昭和13（1938）年1月9日〜令和2（2020）年4月10日

小林秀雄（こばやし・ひでお）
明治35（1902）年4月11日〜昭和58（1983）年3月1日

第15話

「寅は、けぇります」

――渥美清と古湯温泉「鶴霊泉」

〝寅さん〟の心を動かした少年からの手紙

寅さんへ

僕が暮らしている町の上流に、大きなダムができて、昔の面影がなくなってしまいます。どうにかして、この風景を残して欲しいです。

小学校四年生の少年が、昭和・平成初期の国民的映画「男はつらいよ」の寅さんに手紙をしたためた。

その少年は不慮の事故で左手の指を切断してしまうという境遇にありながらも、人一倍、自分が暮らす土地へ愛着があったのだろう。

送られてきた手紙を目にした渥美清は、

「ぜひ、行こうじゃないか」

そう、山田洋次監督に提案し、「男はつらいよ」シリーズ四二作目の「ぼくの伯父さん」の舞台は佐賀県となった。

「男はつらいよ　ぼくの伯父さん」は平成元（一九八九）年十二月二十七日に公開された

お正月映画だ。

寅さんの甥で、吉岡秀隆扮する満男は浪人生。まったく勉強に身が入らずに、周囲を心配させる。寅さんが、浅草の「飯田屋」でどぜう（どじょう）をつつきながら満男の恋の悩みを聞いたものの、満男は「旅に出ます」と書き置きを残し、淡い恋心を抱いていた後輩の及川泉（後藤久美子）を追いかけて名古屋、そして佐賀県へとバイクを飛ばしていった。

「男はつらいよ」は、本作から大きく変わった点がある。それは、満男を主軸にしているということ。一説には、渥美清の体調の変化によるものと伝えられている。

温泉地で垣間見た〝寅さん〟の素顔

平成元（一九八九）年の十一月八日から十一日の三泊四日で、渥美清、山田洋次監督、吉岡秀隆やマドンナ役の檀ふみと後藤久美子が揃って、佐賀ロケの宿泊先として古湯《ふるゆ》温泉「鶴霊泉《かくれいせん》」にやってきた。

古湯温泉で最も歴史ある「鶴霊泉」の小池英俊《ひでとし》会長がその時の様子を話してくれた。

「『男はつらいよ』といえば、本当に有名な映画でしたから、集落に五〇〇人しか住民がいないのに、うちの玄関前に五〇〇人も集まってきました。ここらの大人という大人は

観にきたんじゃないかな」

静かな温泉地が一気に華やいだわけである。

渥美清の素顔について、

「映画でのフーテンの寅さんは、威勢よく啖呵《たんか》きるじゃないですか。でもご本人は本当に物静かで、物腰やわらかな人なんですよ。寅さんとはまったく別人で、私なんて、最初はその違いに拍子抜けしました。本当に正反対なんだから」と寅さんと渥美清のギャップを勢い込んで語る。

自筆サイン入りのポスター（宿提供）

滞在中に、渥美清の撮影が休みだった日が一日だけあった。

「渥美さんはずっと客室で本を読んで、静かに過ごしていました。浴衣ではなく、ご自身が持ってこられたスウェットの上下で寛がれていました」

撮影をしていた時の渥美清の様子を尋ねると、

「私達の前では辛そうな顔は見せなかったですが、顔色は悪かった。調子の悪さを決して表に出さない姿はプロフェッショナルだなと思いました。ただね、吉野ヶ里《よしのがり》遺跡や小城の方に撮影に出かけて、夕方に帰ってきた時は、本当に体調が悪そうで……、辛そうでした」

食事は通常の旅館料理を食べたのだろうか。

「事前に、『食べ物には注意してあげてください』と言われていましたので、渥美さんに食べたいものを聞きましたら、『野菜が食べたい。芋類が好き』とおっしゃいました。そこで、夕食には名物料理の鯉のあらいの他に、芋の煮付けやゆがいたかぼちゃ、あとはこの辺で採れた新鮮なトマトを生で出しました。野菜そのものに味がついていますからね、あまり味付けはしなかったです」

小池会長は、渥美の甘味好きを聞きつけて、「手づくりのおはぎを出しましたら、とても喜んですべて食べてくれました。女将が毎朝、温泉で淹れた珈琲をふるまっていましたが、渥美さんは好んで飲んでいました」

地元の人たちと気さくに交流

渥美清や山田洋次監督、後藤久美子らは二階の客室を利用した。

二階へは玄関から急な階段でしかいけない。ふと、渥美清は二十六歳の時に肺結核で右肺の摘出手術をしていたことを思い出し、小池会長に、

「この急な階段で、渥美さんは息苦しさを見せていなかったですか？」と質問すると、

「そうしたご自身の弱い一面は、本当に見せなかったんです。五〇〇人集まった人たちにもひとりひとり丁寧にサインしていましたよ。うちもいただきましたよ」と、額縁を見せてくれた。

「男はつらいよ　ぼくの伯父さん」「寅さんはお正月の『顔』です。」と明記された特製ポスターには寅さんの特徴的な眉毛とほくろが描かれ、達筆な「山田洋次」というサインと、「古湯のおもいで　渥美清」とまるっこい文字のサインが入っている。ポスターの余白には、小池家や地元の人たちと出演者が記念撮影したスナップ写真も貼られている。渥美清が地元の人と握手を交わしている写真、花束を受け取る写真と、気さくな渥美清が写っている。

また、寅さんに手紙を出した少年と山田洋次監督が一緒の写真もある。

少年は口元をきゅっと引き締め、少々緊張した面持ちだが、どこか誇らしそうにも見える。実は少年は小池会長の甥っ子で、撮影中にはちょくちょく「鶴霊泉」に顔を出していたのだ。

小池会長にとって山田洋次監督の印象は、

「物腰やわらかな渥美さんに対して、監督はいつも厳しい顔をしていましたし、笑顔なんて決して見せませんでした。スタッフの皆さんも監督の方に気を遣われていました」

その山田監督と二人で温泉に入ったのが、当時十歳（小学校五年生）だった小池典洋《のりひろ》社長だ。

大人の小池会長とは異なった、子供なりの視線を山田監督や寅さんに向けていた。

渥美清が滞在した客室「喜寿」

皆が入った古湯温泉の「砂湯」

古湯温泉は佐賀県北部、嘉瀬川《かせがわ》沿いに旅館が一〇軒あるのみで、一〇分も歩けば一周できる素朴な温泉地だ。

開湯二〇〇〇年とも伝えられ、佐賀の奥座敷として愛され

「鶴霊泉」の浴場。奥がこの宿だけにいまも残る「砂湯」

てきた。歌人の斎藤茂吉も訪れた地で、約三八度のぬるめの温泉に長く浸かるのが古湯ならではの湯治だ。

かつては砂の底から温泉が湧き、砂の上に湯船を設置した「砂湯」だったが、その「砂湯」がいまも残るのは「鶴霊泉」だけだ。

当時十歳だった小池社長は、学校から戻ると、宿で演者たちが寛ぐ姿を見ていた。

二十二時を過ぎると「砂湯」がある大浴場は閉めるため、小池少年はその後に、ひとりで入浴していると、まだ開いていると思ったのか、大人の男性が入ってきた。

「びっくりしてよく見ると、山田洋次監督でした。二人で三〇分から四〇分入っていました。どんな会話をしたかまでは覚えていないのですが、監督から『君、ここの子？』と尋ねたられたのは覚えています。すごく威厳というか、オーラがありましたね」

では渥美清も、「砂湯」に入ったのだろうか――。

晩年の付き人だった篠原靖治《しのはらせいじ》氏の著作『最後の付き人が見た　渥美清最後の日々』によれば、渥美清は右肺を取った手術痕を人に見せまいと人目を避けて入浴したというから、「砂湯」もやはり、タイミングを見計らい、楽しんだのではないかと推測する。

小池社長にとって後藤久美子の思い出も鮮明だ。母である女将と後藤久美子の客室を訪れて、

「記念写真をお願いしたら、ゴクミに、『またかよっ』って言われました。さすがアイドル、どこでも記念写真を求められるんだな～と思いました」と苦笑しながら、生意気盛りだった頃の後藤久美子の口調を真似てくれた。

そんな小池社長にとって、最も思い出深い、宝物のような出来事があったという。

映画の「寅さん」そのままに

それは佐賀での撮影を終えて、渥美清が「鶴霊泉」から出発する時のこと――。

「鶴霊泉」の玄関に皆が揃い、お見送りをしようと待っていると、渥美清が階段を下りてきた。

渥美は靴をはき、立ち上がる。

すると、半身ほど振り返り、右下斜め四五度にスッと視線を落とし、横顔を見せて、

「寅は、けぇります」

そう、一言を残して去った。

「皆さんが帰った後に、母と『カッコ良かったね〜、寅さんだったね』と感激したことを三五年近くも前なのによく覚えています。僕にとって渥美さんは映画の寅さんそのままでした」と小池社長は渥美清を真似て、何度も私に話してくれた。

「お世話になりました」「また来ます」といった、月並みな別れの言葉を交わすのではなく、世話になった地元の人たちのためだけに、渥美清は車寅次郎として、あのしみじみとした温かみのある口調で「寅は、けぇります」とだけ言い残した。

まるで映画の一シーンではないか。

小池社長が話してくれた時、寅さんがそこにいるような気がした。


渥美清が宿泊した二階の部屋「喜寿」に私も泊まった。かつての畳の間をフローリングにしてベッド二台を置くなど、リニューアルはされているものの、大きな窓から見える風景は当時のままだ。

嘉瀬川が静かに流れ、奥には雑木林が広がり、正面には大きな桜の木が鎮座する。龍や松が見事に彫り込まれた欄間もそのままで、いま私の目の前の光景を、あの渥美清も見た

のかと思うと、じんわりと喜びが込み上げる。

寅さんに手紙を出した少年は、いま高校の先生をしている。

撮影で使われた、寅さんと満男が同室で泊まった旅館「えびすや」（ロケ地名は「えびす旅館」）はもうないが、嘉瀬川の川音がする素朴な古湯温泉の風景は映画の映像からほとんど変わっていない。

ただ、かつて少年が危惧した通りに、佐賀市富士町の東畑瀬《ひがしはたせ》地区は、平成二十四（二〇一二）年に完成した嘉瀬川ダムの湖の底に沈んだ。昔ながらの山里の風景は、もうこの映像の中でしか見ることはできない。

渥美 清（あつみ・きよし）
本名：田所《たどころ》 康雄《やすお》
昭和3（1928）年3月10日～平成8（1996）年8月4日

山田洋次（やまだ・ようじ）
昭和6（1931）年9月13日～

第16話

スターたちを圧倒した荘厳な大浴場

――「法師乃湯」を愛した人々

ポスターも盗まれた伝説のキャンペーン

昭和の名優・上原謙と大女優・高峰三枝子扮する熟年夫婦が白いスーツに身を包み、颯爽と旅をする。

その行き先は温泉宿――。

人里離れた秘湯の一軒宿を訪ね、混浴風呂で夫婦で一緒にお風呂に入る。

一世を風靡《ふうび》した「フルムーン」のキャンペーンと聞けば、記憶に残っている人も多いのではないか。

昭和五十六（一九八一）年、まだ国鉄時代に行われた伝説のキャンペーンにはポスターの逸話も残る。ＪＲ東日本の担当者が往時を回想して語ってくれたのは――。

「ポスターは上原謙さんと高峰三枝子さんが混浴している写真を採用しました。そうしたら駅などに貼ったポスターが盗まれて……、また貼っては盗まれるのを繰り返したんです。おかげ様で、〝フルムーン夫婦グリーンパス〟チケットが爆発的に売れました」

もちろん熟年夫婦が温泉旅館で寛ぐというコンセプトが時代に合ったのだろうが、高峰三枝子さんのふくよかな胸も話題になり、週刊誌で熾烈《しれつ》な報道へと発展した。

「フルムーン」のＣＭを撮った故・大林宣彦監督が微笑みながら聞かせてくれたことがあ

る。

「撮影前にね、高峰三枝子さんから『わたし、案外、ボリュームがあるんですの』と言われたんだよね。たしかに、お風呂の撮影では高峰さんのおっぱいがぼよよよんって浮かんできては、撮影を止めておっぱいをお湯の中へ沈める。また撮り始めては、浮かんでくる。その繰り返しでしたよ」

ユーモラスで、いかにも温泉での出来事らしい大らかな話である。

長寿館の玄関に飾られている「フルムーン」のポスター

落ち着いた山のいで湯

上原謙と高峰三枝子がやってきたのは、群馬県法師《ほうし》温泉「長寿館《ちょうじゅかん》」。

上越新幹線上毛《じょうもう》高原駅から車で五〇分程、水上《みなかみ》温泉郷でも最奥の地に、古い木造の建物がひっそりと佇む。あたりの緑に調和した宿の玄関先には赤い郵便ポストが置かれ、建物を繋ぐ二階の渡り廊下を右手に玄関に入ると、

煤《すす》の匂いが鼻孔をくすぐる。左側に囲炉裏、正面に畳の間と神棚、その脇に「フルムーン」のポスターが掲示されていた。

宿泊棟への渡り廊下からは、こんもりとした苔が生える中庭が見えて、ほっとする。遠景の三国《みくに》山脈の息を呑む美しさに目が離せなくなる。

撮影で使われた大浴場「法師乃湯」は明治二十八（一八九五）年に作られた。立派な梁の木造りの浴場にほんのりと湯けむりが上がるその趣は、後世に残すべき日本の温泉文化である。

しっとりと落ち着いた山のいで湯は、ふと人生を振り返りたい熟年の夫婦が旅をするには最も適した名旅館。「フルムーン」にふさわしい宿なのだ。

ちなみに平成のお風呂映画といえば、ヤマザキマリさんの漫画が原作となった映画「テルマエ・ロマエ」だろう。シリーズで二本の映画が公開されているが、「テルマエ・ロマエⅡ」では「長寿館」や「法師乃湯」が印象的に登場する。

「法師乃湯」に身を委ねた人々

法師温泉は明治初期には湯治場だったが、建物は朽ち、悪路を経てしか行けなかった。その状況を抜本的に変えたのが「長寿館」初代社長だ。道路を拡張し、宿を修繕し、明治

八（一八七五）年に「長寿館」を創業した。この時に建てられた「本館」、明治二十八（一八九五）年に作られた大浴場「法師乃湯」、昭和十五（一九四〇）年建築の「別館」の三つは国の登録有形文化財に指定されている。

宿の創業から一五〇年近くとなるが、屈指の名湯ゆえ、多くの文人墨客《ぼっかく》を呼んだ。

昭和六（一九三一）年九月四日には与謝野鉄幹・晶子夫妻がやってきており、滞在中に晶子は九九首も短歌を残した。

草まくら手枕に似じ借らざらん
山乃いでゆ乃丸太のまくら

「法師乃湯」の湯船の縁にある丸太を歌ったとされる著名な一首である。

与謝野夫妻が滞在した部屋は一〇畳と六畳の二間続きの和室の「本館20番」。

その二年後には、川端康成や直木三十五もやってきて、お隣の「本館18番」で寛いだ。

築一五〇年近くになる「本館」だが、立派な柱と太い梁は当時のままで、視線を上げると、与謝野夫妻、川端、直木らが見つめた天井がそのままの状態で残っている。

いまは「本館」と「別館」の他に、昭和五十三（一九七八）年に「薫山荘」、平成元（一九八九）年に「法隆殿」が建てかえられ、四つの宿泊棟となっている。

取材で訪ねた日、私は「法隆殿77番」の部屋を使ったが、床の間近くの額縁には、「古今亭志ん朝さんが何度もお泊りになりました」と記した文書が入っていた。

「77番」は雅な魅力をたたえる「法隆殿」の最奥の角部屋で、二方向に窓が付く。木立に囲まれ、自然のざわめきを部屋にいながらにして感じられる。春になれば野鳥の声が聞こえるのだろう。簡素なこの部屋を昭和の大落語家・古今亭志ん朝が好んだのか――。

お忍びの夏目雅子　武勇伝を残した勝新

「薫山荘31番」を利用したのは、昭和の名女優・夏目雅子だ。

「夏目雅子さんは着物姿にレースの羽織をかけていらっしゃいました。まだご結婚前の伊集院静さんと一緒とのことでした」と常務の岡村国男さんが法師温泉で伝えられてきた逸話を聞かせてくれた。

夏目雅子は、法師温泉から車で五〇分程の群馬県沼田市にゆかりがある。夏目の母親が沼田市出身で、親族が沼田で老舗和菓子店「かねもと」を経営しており、法師温泉の予約も「かねもと」からだった。

「お忍びだから、あまり騒がないように」という条件付きの予約だった。

「うちにいらした直後に、夏目さんは伊集院さんとご結婚されましたので、あの日の着物

の装いは伊集院さんを沼田の親族に紹介したのかな、とみんなで話していたんです。この時は一泊でしたが、また来てくださいまして、その時も『薫山荘31番』を使われました」

「薫山荘31番」は一階の角部屋で一〇畳に四畳の踏込（履物を脱ぐ場所）が付いている。縁側からは流れの速い法師川が眺められ、室内にいても涼やかな川音が聞こえてくるし、窓からは山々のまばゆい緑の光が入ってくる。

ちなみに「フルムーン」で撮影に訪れた高峰三枝子の部屋は「薫山荘34番」。

薫山荘の二階の部屋に三連泊したのは、多くの破天荒なエピソードで知られる俳優・勝新太郎。

国男常務の妻の則子さんによれば、

「勝新太郎さんは仲間とともにお嬢さんと息子さんも連れて、ご一家で来られました。三日間、ずっとお部屋で麻雀をしていましたね。奥様の中村玉緒さんが、夜中でもフロントにタバコを一カートンごと、何度も買いに来ました。タバコをふかし、お酒を飲みながら麻雀していたんでしょうね。勝さんが深夜に『あんみつが食いたい、食いたい』と騒がれましたが……、さすがにご用意できませんでした」

自転車でフジロック会場へ

時代は平成に入る。

大物ロックスターの忌野《いまわの》清《きよ》志《し》郎《ろう》は法師温泉を愛した。国男常務は清志郎との交流もある。

「フジロック（フェスティバル）のステージにあがる前日に、二度ほど、うちにお泊まりになりました。前橋まで車でお越しで、前橋からはお仲間の数人と自転車でお越しいただいていました。玄関で自転車を整備されながら『こうやって心拍数が出るんだよ』と自転車に付いたメーターを見せてくださったこともあります。到着されると、真っ先に温泉に入っていましたね」

ロックと鄙《ひな》びた温泉。あの派手なスタイルの清志郎が「法師乃湯」に浸かる姿は想像できないが……。

私が思わず笑ってしまった珍エピソードがある。

フジロックのステージに立つために前泊した頃より、だいぶ前のこと。

清志郎が一週間ほど滞在し、部屋にいる時、お茶を片付けるために部屋に入った仲居との会話だ。

「お兄さん、どんなお仕事されているんですか？」

「音楽関係っていったらいいのかな」

「まぁ、そんな感じに見えるわね〜」

なんだろう、この仲居さんのあっさり感……。スター扱いしない秘湯の宿だから、清志郎も素をさらけ出し、寛げたのかもしれない。

「ここが好きで、前はよく来ていたんだけど、最近は予約取れないんだよね、人気が出たんだね」と国男常務にぼやいていたというから、やはり法師温泉の魅力に取りつかれた一人なのだろう。

いつも一泊し、翌日の十三時過ぎにフジロック会場へと自転車で旅立った。

「うちでエネルギーを蓄えて、ステージに立たれたのだと思います。その後、ご病気になられ一度はお休みをされていましたが、復活した最後のフジロックの出演も、前日はうちにいらっしゃいましたよ」

忌野清志郎がエネルギーを蓄えたのは「法隆殿」の二階にある特別室。メゾネット式で、特別室の一階は暖炉とテーブルと椅子がある板間の八畳、二階は八畳と四畳半の間で布団が敷ける。法師温泉にしては珍しい洋風の設《しつら》えである。

その部屋の隣にある二部屋はスタッフが使い、フロアを貸し切った。ただし食事は食事処で他のお客さんと一緒に摂り、メニューもごく一般的な料理を出した。

明治28年に作られた大浴場「法師乃湯」

「長寿館」は多くの著名人が使用した客室にいまも泊まることができる。想いを馳せるには絶好の、じつに稀有な宿なのである。

そして来訪した全員が入るのが大浴場「法師乃湯」である。

日本古来の混浴の湯に浸かる

男女別の脱衣所の引き戸を開けると、五〇畳もの広い混浴の浴場に、思わず「わぁ～」と声がもれるほど圧倒される。

日中はアーチ型の小さなガラス窓から差し込む光のみで、その光がお湯を照らすさまは神々しくもある。夜はほのかな灯りがともるだけで、ほの暗さが魅力である。

浴場の壁面に棚が設置されている。当初は男女別の脱衣所はなく、棚の前で浴衣を脱ぎ、入浴した。「法師乃湯」に入り慣れた初老の男性から、「浴場に背を向けて、浴衣を脱ぎ、手ぬぐいで身体を隠して入浴した。うまく入ることがお風呂のたしなみだった」と聞いた

ことがある。日本古来から伝わる混浴の浴場がここに残っている。
湯船は四つに分かれていて、それぞれに温度が異なる。手前の二つが四一度程。右奥は三九度、左奥は三八度程。いずれにしろぬるいと感じる温度設定だが、法師温泉の自然湧出の奇跡の産物である。

入浴すると、湯船の底に敷かれた玉石の間からぷ〜く、ぷく。。。とお湯が湧いてくる。その湧いているところに座ると、お尻がむずがゆくなる感覚は、とても愉快。玉石を足の裏で転がせばマッサージに。与謝野晶子が称えた丸太に頭をのせて湯の中で浮かべば、まるで胎内のようだ。ぬる湯ゆえに、いつまでもお湯の中にいられるのが快感となる。

「手を加えない、本物の温泉を提供しないといけない」とは、長らく群馬県温泉協会の会長を務め、いまは「温泉をユネスコの世界無形文化遺産に登録を！」という活動に熱が入る岡村興《こう》太《た》郎《ろう》会長の信念だ。

「法師温泉は最低限の改修はしますが、それは保全です。新しく建てるのではなく、残すことに力を注いでいます」と七代目・岡村建社長の言葉が頼もしい。

上原 謙（うえはら・けん）
本名：池端清亮《いけはたきよあき》
明治42（１９０９）年11月7日〜平成3（１９９１）年11月23日

高峰三枝子（たかみね・みえこ）
本名：鈴木三枝子《すずきみえこ》
大正7（１９１８）年12月2日〜平成2（１９９０）年5月27日

夏目雅子（なつめ・まさこ）
本名：西山雅子《にしやままさこ》
昭和32（１９５７）年12月17日〜昭和60（１９８５）年9月11日

勝新太郎（かつ・しんたろう）
本名：奥村利夫《おくむらとしお》
昭和6（１９３１）年11月29日〜平成9（１９９７）年6月21日

忌野清志郎（いまわの・きよしろう）
本名：栗原清志《くりはらきよし》
昭和26（１９５１）年4月2日〜平成21（２００９）年5月2日

第17話

大俳優をも自然体にさせる宿の魔力

――田中邦衛と小野川温泉「宝寿の湯」

年二回定宿にした「三〇四号室」

山形県小野川温泉は、小野《おのの》小町《こまち》が美しさを磨いたとされる温泉。温泉街には一五軒の旅館と二つの共同浴場、飲食店が連なり、浴衣でそぞろ歩きするにはほどよいサイズ。寒いこの時期は、温泉で栽培した二〇センチもの長さで、食べ応えある「小野川豆もやし」が名物。温泉街の中華屋では豆もやしラーメンもいただけるが、長細いものは麺なのか、もやしなのか、混同してしまうラーメンだ。

そうした小さな集落を見下ろせる小高い丘に、その宿はある。

三階の角部屋「三〇四号室」は、一〇畳の広さだが、二方面に大きな窓が設置され、部屋の面積以上の開放感がある。窓から眺められる大空や木立の風景までが、部屋の一部のようだ。

私が訪ねたのは夏の晴天の日で、青空に浮かぶもくもくとした積乱雲を見ていた。空がすこし暗くなったと思ったら、いきなりの豪雨。雨音がうるさいほど大粒の雨。その雨で美しい風景が一切見えなくなった。だが二〇分程で雨は止み、すっと霧が引いて、今度は光が差し込んだ。

旅館の部屋にいるはずなのに、まるで自然のなかに佇んでいるかのような時間を過ごせた。

ここは小野川温泉「宝寿《ほうじゅ》の湯」。

昭和三十六（一九六一）年から順次公開された加山雄三主演の明朗青春映画「若大将」シリーズで、敵役の「青大将」を好演。その後も数々のヒット作に出演し、テレビドラマ「北の国から」で黒板五郎役を演じて国民的俳優となった田中邦衛《くにえ》の定宿だ。

「宝寿の湯」三〇四号室は、田中が八年にわたり、年に二回やってきては滞在した部屋である。

田中邦衛が滞在していた3階角部屋の304号室

田中邦衛は、山形でイベントや講演会の仕事がある時はスタッフに連れられて来たが、プライベートで来る時は夫婦だけで米沢駅からタクシーでやってきた。

いつも、田中は「来たよ」と手を挙げて宿に入って来た。

フロントでチェックインを済ませると、三〇四号室へと向かう。館内にはエレベーターがないため、すこし急な階段で三階まで登る。部屋

のテーブルに置かれたお茶とお菓子で一服し、浴衣に着替えるとまた一階に降りてきて、宿泊棟の横にある湯小屋へ向かう。

湯小屋の露天風呂を楽しみ、出てくる。

湯上りは頬を赤らめ、いつだって「若《わか》〜、いいお湯だね〜。ここの温泉はいいね〜、落ち着くね〜」と、フロントに立ち寄った。

田中邦衛に「若」と呼ばれていた「宝寿の湯」の若旦那・関谷《せきや》寿宣《のぶとし》さんは、

「田中さんは平成十七年に、交友があった山形のアナウンサーと一緒に来たのが最初でした。それから二十五年まで、山菜が美味しい春と、芋煮の時期の秋に、きっちりと年に二回来られていました」

と誇らしそうに語る。

田中が通い始めた頃、関谷さんはまだ二十代で、フロントに立って間もなかった。大俳優を前に緊張気味だったそうだが、「シャイな方だと想像していましたが、とても社交的でした。他のお客様と廊下ですれ違うと、写真や握手を求められれば気さくに応えていました。芸能人という感じはまったくしなくて、肩の力が抜けていて、謙虚な方でした」。

田中が自然体で過ごしたエピソードを聞かせてくれた。

「田中さんは普通に大浴場にも入っていました。だから、お客様が『男風呂に入っているのは、もしかして田中邦衛さん？』と、血相を変えてフロントにやって来ることもありま

した。一度や二度ではなかったです」と、関谷さんは思い出し笑いをした。

関谷さんが一枚の写真を見せてくれた。中央に田中、右脇に恥ずかしそうに下を向く関谷さん、左脇には女将の姿。田中は関谷さんと女将の肩に手を置き、満面の笑みを浮かべている。撮影されたのは、平成十七年に田中が初めて来た時というから、田中は初対面で関谷さんと女将のことを気に入り、たちまち居心地のいい宿となったのだろう。

深夜二十三時にフロントにやってきて

「若」以外にも、田中邦衛が親しく接していたのは女将の関谷幸子《さちこ》さんだ。いつも「さっちゃん」と呼ばれていた。

現在の「宝寿の湯」は令和二（二〇二〇）年にリニューアルし、若旦那の寿宜さんが、日帰り入浴やカフェなど交流を目的とした宿づくりをしている。宿泊はできるが、食事は朝食のみのカジュアルな旅館だ。

だが、田中が常連だった頃は「寿宝園」という屋号で、一泊二食付きのいわゆる一般的な旅館だった。

食事は幸子さんが作っていた。

「寿宝園は、〝自分の庭で採れた野菜を出すオーベルジュのような宿〟を目指していまし

た」と話す。当時は砂糖をはじめ、調味料は極力使用せず、コンセプトは山形の素材を活かした料理。夕食は米沢牛がメインだったが、幸子さんの野菜料理が特に人気だったという。

「田中さんの奥様が健康管理にとても気をつけておられました。田中さんご自身も、好き嫌いはなく、すべて食べてくださいましたよ。

田中さんがいらっしゃる時は地元の方も来られて、わいわいと賑やかに夕食をとっていました。そうした賑やかな場でも田中さんはお酒は飲まれないんですよ。いつもウーロン茶を飲んでいました」

一方で、幸子さんにひょいと甘えてくることも。

「深夜二十三時頃にフロントに来て、『さっちゃん、甘いの、ないかな～』と言われたことがあります。田中さんは大の甘党なんですよ。でもね、深夜ですし、私が『こんな時間に食べたらダメよ！』と厳しく返しますと、『そっか～』と、肩を落としておとなしく部屋に戻られました」

数多くの田中邦衛との思い出を話す幸子さんが、もっとも懐かしそうな表情を見せたのは、「寿宝園」で旅番組の撮影が行われた時の出来事だ。

旅番組等には原則として一切出演しなかった田中邦衛が、めずらしく「寿宝園ならいいよ～」と快諾し実現したそうだ。（「いい旅・夢気分」テレビ東京系・平成二十二〔二〇一〇〕年六月二十三日放映）

一泊二日の撮影スケジュールで、初日は順調に済んだように思えたが……。

「翌日に、私の趣味でタケノコ採りの予定が入っていました。田中さんに正直に話しましたら、『行っておいで！』と、おっしゃってくれましたが、でもすぐに『僕が来た時ぐらい、いてよ〜』って苦笑い。まわりの人からも『おまえ、なにやってんだ〜』と言われました。結局、私がタケノコ採りに出かける朝五時に、田中さんが見送ってくださったんですが、そこも番組で流れちゃったのよね」といたずらっぽく笑う幸子さん。

番組の放送を観ると、田中が幸子さんを見送る姿がラストシーンになっていたという。

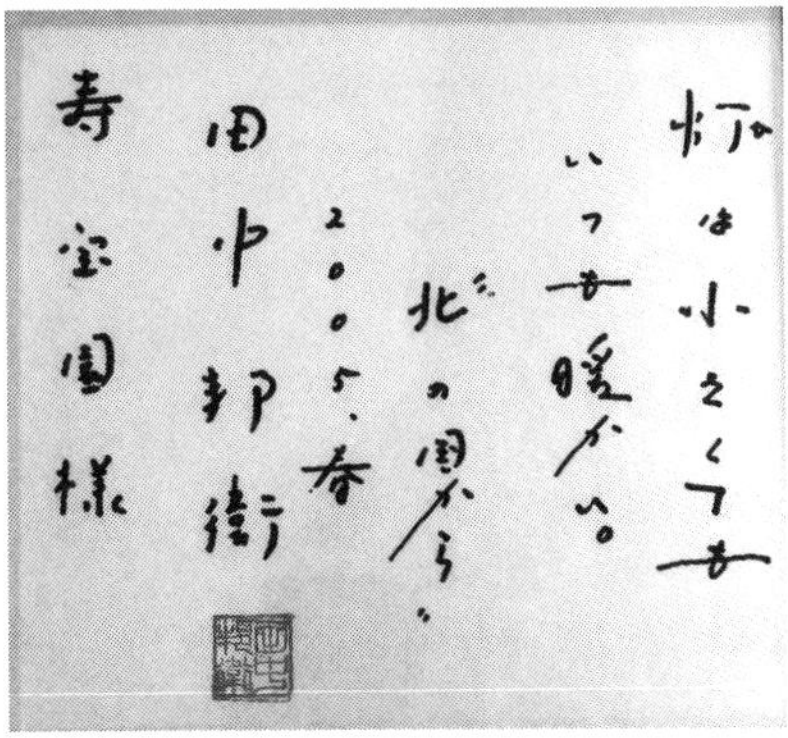

田中が寿宝園（当時）のために書いた直筆の色紙（宿提供）

旅館の顔である女将が不在では撮影が行われなかったということだ。

お気に入りの宿のために一肌脱いでやってきたわけだが、しかしこの〝緩さ〟も田中にとっては「寿宝園」らしさに思えたのだろう。

田中はよく幸子さんに「このわがまま女将が〜」と親しげに話しかけていたそうだ。

そんなにも幸子さんを身近に感じていた田中だが、幸子さんに自分の住所を知らせていない。

「山形名物のさくらんぼを二〜三回、お送りしたん

ですが、すべて、田中さんと親しいアナウンサーの方を経由してでした。さくらんぼは戻ってきていませんから、食べていただいたのだと思いますが、『こういう贈り物はもういいから』と言われました。

贈り物は一切受け取らない。だから仕事関係者でも住所は教えないという主義でしたよ」

そんな調子で、田中は芸能界でもまったくといっていいほど付き合いはなかったという。

「田中さんは芸能界の話も、仕事の話も一切しなかったです。ただ唯一、話してくださったのが香取慎吾《かとりしんご》さんのことでした。『あの子は礼儀正しくて、本当にいい子だよ〜』と、褒めていました。ちょうど田中さんの体調が悪い時に撮影で一緒で、すごく気を遣ってもらったと言っていました」

田中邦衛は、平成十二（二〇〇〇）年に放送されたテレビドラマ「合い言葉は勇気」で香取慎吾と共演。その後、香取主演で同十六（二〇〇四）年に放送されたＮＨＫ大河ドラマ「新選組！」でも共演している。

田中が語った香取慎吾の姿は、大河ドラマの座長として数多の気遣いをする様だったという。

「『新選組！』の撮影後にも、香取さんは田中さんの家に来ていたようなお話をされていました。住所も公にしない田中さんでしたから、香取さんは特別な存在だったんでしょうね」

田中が「寿宝園」に通うようになったのが平成十七年なので、香取との交流の時期と重

なっている。

田中はかねてから、さまざまなインタビューで「住みたいところは？」と聞かれると、「山形」と答えていた。

「嬉しいですね。田中さんは特別なことをされるのは嫌がりましたから、山形の人のほっといてくれる雰囲気が好きだったのでしょうか。私は『青大将』のイメージを持っています。あのひょうきんなところが、そのまま田中さんでした」


田中邦衛が愛した露天風呂は、当時そのままの状態で今も使える。

宿泊棟を出たすぐ脇に、木造りの簡素な湯小屋が建っている。中には貸し切りの露天風呂がふたつあり、特に予約をせずとも、入る時に「入浴中」という札を掲げるだけでよい。

札を掲げ、手前の一室に入ると、こんもりとした豊かな緑が目に飛び込んでくる。湯小屋のすぐ近くまで茂る木々の緑が、露天風呂に張られた湯に映り込んでいる。緑色に染まった温泉に、ふわっと硫黄の香りがする。

板張りのすのこが置かれてあり、ここで靴と洋服を脱ぐ。

こんこんと湯が注がれている。湯船に入ると、ざぶ〜んとお湯が溢れ出す。風呂から出れば、すぐにお湯が満ちる。

若旦那の関谷さんが「小野川温泉はまさに温泉が一番のウリです」と言うとおり、源泉

の湯量が豊富なのだ。

お湯のなかで手をこすり合わせると、きゅっきゅっと軋《きし》む感じがする。

一回六〇分以内であれば好きな時刻に入れるから、何度となくお湯に入ったり出たりして、この露天風呂で過ごす。湯上りに、ロビーで風景を眺めながら、名物のラジウム卵を頬張ると香ばしく、旨みが口いっぱいに広がった。

「宝寿の湯」に華美さはない。エレベーターもなければ、建物そのものも至ってシンプル。ただ自然と調和するかのように佇む美しさと、宿の人の素朴さが魅力的だった。

病のために田中邦衛の足が遠のいてから、たまたまドラマの撮影で訪れたベテラン俳優の橋爪《はしづめ》功《いさお》が「田中さんがここを好きなの、わかるな～」と言ってくれたそうだ。

その通り。田中邦衛の人柄を反映したかのような温泉宿なのだ。

田中邦衛（たなか・くにえ）
昭和7（1932）年11月23日～令和3（2021）年3月24日

第18話

釣り三昧と執筆の日々
——開高健と丸沼温泉「環湖荘」

「エスポワール」での出会い

群馬県片品村は栃木県と新潟県と福島県に隣接し、尾瀬《おぜ》の玄関口としても知られる。手つかずの自然が残り、中でも「丸沼《まるぬま》」「大尻《おおじり》沼」「菅《すげ》沼」は鱒《ます》釣りの聖地とされる。ここで釣りをすることを至上の楽しみにしていたのが、昭和を代表する作家であり、釣りのエッセイの名手でもあった開高《かいこう》健《たけし》だ。

定宿は丸沼湖畔にぽつんと建つ一軒宿、丸沼温泉「環湖荘《かんこそう》」だった。

開高健と「環湖荘」の縁は、東京・銀座で始まる。

戦後、経済人や文化人たちがサロンのように通った銀座の高級クラブ「エスポワール」。開高健も常連で「丸沼で大きなのを釣った」とよく話していた。

同じ頃、片品村一帯の土地を所有し、丸沼や大尻沼、菅沼の漁業権を持ち、温泉旅館「環湖荘」も営業していた株式会社丸沼のオーナーも「エスポワール」に通っていた。

そのオーナーが「うちは温泉があるから『環湖荘』に泊まったら」と誘ったのがきっかけで、開高健は「環湖荘」を利用するようになった。

「環湖荘」に初めてやって来たのは、昭和四十四（一九六九）年三月。

この頃の開高健は作家としての充実期を迎えていた。四年前に発表したベトナム戦争のルポルタージュが圧倒的な注目を浴びた。

前年の昭和四十三（一九六八）年には、ベトナム戦争の取材体験を小説として結実させた代表作『輝ける闇』を刊行。さらに老舗雑誌『旅』で最初の釣りエッセイとなる「私の釣魚《ちょうぎょ》大全」の連載を開始していた。

後の名著『フィッシュ・オン』につながる世界各地への釣り旅行の準備も進めており、まさにこれから釣り紀行エッセイという新境地を拓こうとするタイミングだった。

当時、大尻沼や菅沼は禁漁で、丸沼のみで釣りができたが、オーナーの図《はか》らいにより、開高健だけは特別で、「環湖荘」に滞在中は三つの沼で釣りをした。

手つかずの沼は入れ食い状態。魚も元気で引きが強い。

開高健はこの漁場をいたく気にいっていた。

「しょっちゅう釣りをしに来た人」

当時の支配人・小山内《おさない》康夫さんが「環湖荘」滞在中の開高健の様子を思い起こす。

「いつも暖かいツイードで仕立てた洋服の上に、ポンチョを羽織って釣りに出かけました」

避暑地ゆえ、夏でも厚手の服が必要な程だ。

「一日の半分は釣りをしていたんじゃないかな。そして『寒くなったから』と帰ってきては、温泉に直行されていたように記憶しています。この辺りは、夏も暖房が必要なほど涼しいですし、湖の水もかなり冷たいですからね」

開高健が温泉から出てくると、ちょうど夕食の時間だ。

美食家で有名な開高健だが、特にリクエストはなく、好き嫌いも言わず、一般のお客と同じ食事処で、当時出していた鯉のあらいや鯉こく等の鯉料理を食した。

小山内さんは懐かしそうに、

「食後は従業員の宿泊棟にいらして、囲炉裏を囲んで一緒に酒を飲みました。話題は釣りばかりでしたね。『今日はどんなのが釣れた』とか、そういった話でした。本当におおらかな方でした」と振り返る。

その気さくさゆえに、

「うちの従業員の中には、開高さんが高名な小説家とは知らずに一緒に飲んでたのもいたんじゃないかな。私も小説家というより、『しょっちゅう釣りをしに来た人』という印象しかないですね」と微笑む。

「開高さんは従業員全員に『釣りクラブ』と刻印されたジッポーの高級ライターを配っていましたよ」

夜更かししたのか、開高健が朝食に来ない日があると、「従業員がおにぎりとおかずの盛り合わせを部屋へ持っていきました」と至れり尽くせりだった。

滞在中は〝裏部屋〟 布団は敷いたまま

オーナーの紹介で来た客人ということもあり、最初は人気の部屋を用意した。

「湖が一望できる最も眺めのいい部屋にご案内しますと、開高さんは『人に見られるのが嫌だ』とおっしゃいまして」と小山内さんは述懐する。

結局、気に入って指定したのは二階の角部屋の八畳一間だった。

「窓が一つあるのみで、あまり光が入らなかったので、私たちは〝裏部屋〟と呼んでいました。

当時は部屋の火鉢に火をおこして暖を取っていました。その横に文机が置いてありました」

開高健は、ひとりで部屋に籠る環境を欲していたのか、

「『掃除はしなくていい。ゴミで死なないから』とおっしゃったので、私たちは一切、部屋に入りませんでした。たぶん布団も敷きっぱなしだったと思いますよ」。

まるで自分の別荘のように使っていたのだろう。

頻繁に釣りに来ていたが、仕事を抱えてやって来たこともある。

「一〇日間の逗留予定でしたが、『用事ができたから帰る。必ずまた来るから』と、万年筆と書きかけの原稿の束をそのままにして帰られました。きっと『オーパ！』を書いている頃じゃなかったかな」と小山内さんは推測する。

おまけとしてこんな話も。

「半分くらい残っていたブランデーを私たちに『飲んで』と置いていかれました」

ただ残念ながら、その後、開高健が「環湖荘」を訪れることはなかった。


私が丸沼温泉「環湖荘」を訪ねたときは、新芽が出るにはまだ早く、山の峰には残雪が残り、「環湖荘」の目の前に広がる丸沼は凍っていた。

標高一四三〇メートルのこの地の空気は冷たいが澄んでいて、実に美味しい。

昭和八（一九三三）年に開業した「環湖荘」は、度々のリニューアルで設備は整い、清潔にされているが、開高健が通っていた頃から大きくは変わっていない。

玄関のガラス扉には模様が施され、その上にある細かく彫り込まれた見事な欄間といい、秘湯の一軒宿には不釣り合いなほどの絢爛《けんらん》さ。創業当時はビリヤード場もあったというから、ただの温泉宿ではなく、釣り人の社交場も兼ねていたのだろう。

虹マス風呂。湯船中央には虹鱒のモニュメント（宿提供）

暖を取った虹マス風呂

開高健のお気に入りは二階の角部屋「八号」（現在の二一一号室）。当時は窓からは殺風景な裏庭が見えるだけの、〝裏部屋〟だったから、朝の光で起こされることもなく、開高健にとっては好都合だっただろう。ただ現在は、天井にも窓が設置された明るい部屋に改修された。もちろん宿泊できる。

開高健が、釣りの後に暖を取った大浴場「虹マス風呂」も当時のままだ。床から三角屋根の天井まで五メートル以上の高さなので、開放感がある。壁代わりとなっている広々とした窓からは燦々とした光が射し込んでくる。窓の外には、岳樺《だけかんば》や白樺が見えた。

入り口正面に設置されている二つの水槽には虹鱒や山女《やまめ》などの川魚が泳いでいる。大きな湯船の中央には虹鱒の石像がどどんと置かれていて、今にも泳ぎ出しそう。入浴すると首まで浸かれる深さで、たっぷりとしたお湯に包まれる多幸感。両手でお湯を持ち上げると、茹でたての卵の匂いがふんわりと香った。お湯で手をこすり合わせると、きゅんきゅんと軋む。

「環湖荘」が保有する源泉から引いた新鮮な単純温泉が注がれている。洗い場の蛇口からも温泉が出てきて、毎分二二〇リットルにもなる湯量の豊富さがわかる。

この他、壁面に姫鱒のタイル絵が描かれている「姫マス風呂」もある。

開高健が食事をした食事処には、菅沼で発見された樹齢一〇〇〇年の大きな桟木《たものき》がオブジェのように置かれている。

秘湯なのだけれど、それぞれの設備には贅《ぜい》を凝らしていて、どこか一風変わっていて、それがまたハイカラなのだ。

文人が愛した漁場

小山内さんが教えてくれた。

「実は、井伏鱒二《いぶせますじ》さんも丸沼に釣りに来ていましたので、開高健さんと一緒に釣りをして

いたそうです。井伏鱒二さんが下さった礼状もあるはずなんだけど、どこに入っているかな……」

丸沼には幸田露伴《こうだろはん》も訪れており、明治二十三（一八九〇）年六月に、満二十二歳で発表し、名声を確立した『対髑髏《たいどくろ》』の中には、日光湯元から金鱗湖《きんりんこ》を越えて、丸沼に来たことが綴られている。

開高健の絵馬

「環湖荘」から車で一〇分ほどの所に、株式会社丸沼が保有する「白根魚苑《しらねぎょえん》」がある。キャッチ&リリースで虹鱒を釣ることができ、川遊びや芝生の上でバーベキューを楽しめるため、家族連れで一日満喫できる場所だ。

この一角に「絵馬堂」が併設されていて、「環湖荘」ゆかりの約一〇〇名もの著名人の絵馬が展示されている。

長谷川一夫、藤山寛美《かんび》、山田五十鈴《いすず》、松本幸四郎、里見弴《とん》、井伏鱒二など、錚々たる面々による絵馬の中で、ひと際目立つのは開高健の絵馬である。他の絵馬は、色とりどりの絵や言葉で遊び心を表現しているが、開高健のみ、真ん中に丸っこい文字で書かれているのは、

いまに　見ていろ　ボクだって
開高　健

サイン（名前）の横に小さなつくしのイラストは入っているものの、言葉のみが目に入ってくる絵馬なのだ。

いつ書かれたのかは明記されていないが、すでに名を成しているはずなのに、開高健の飽くなき探求心ゆえの叫びなのか、はては特有のジョークなのかは定かでない。

「環湖荘」は豪雪地帯ゆえ、冬は長い。例年、四月半ば頃に営業を再開するまでは、「環湖荘」へ続く道も通行止めになる。

開高健（かいこう・たけし）
昭和5（1930）年12月30日～平成元（1989）年12月9日

第19話

希代の趣味人の人生を変えた湯宿

——北大路魯山人と山代温泉のおあんさん達

宿の台所に立った美食家

擦りおろしたごま、きゅうりや人参などのありあわせの野菜のヘタにくらげも加えて、酢を少々。

シャキッとした野菜とクニュッとしたくらげの食感の妙、ごまの香ばしさと酢の爽やかな酸味。シンプルでありながら、驚くほどおいしい。

美食家として名を馳せた北大路《きたおおじ》魯山人《ろさんじん》が考案した「始末《しまつ》料理」の一例である。ありあわせの野菜の、それも本来は捨てるべき「ヘタ」を使うところに、「素材はすべて活かす」という魯山人の食に対する理念があらわれている。

もちろん食通の魯山人ゆえ、贅沢な料理も創造している。

そのひとつが「鮑《あわび》とろろ」。鮑をおろしがねで擦りおろし、とろろを合わせるのだが、おろす時に手の熱を鮑に与えないために、隣に氷水を用意し、手を冷やしながら擦るのが正しい作り方。

こうした魯山人の料理を食べてきた「魯山人寓居跡《ぐうきょあと》 いろは草庵」の正木秀侃《しゅうかん》館長がその味を伝えてくれた。

「『始末料理』を食べた時には、『これまで食べたことのない感覚だ。う、旨い！』と感じ

ました。『鮑とろろ』は、とろろを食しているかと思いきや、形がなくなっていても鮑が香り立ち、何とも言えない風味です」

　魯山人風すき焼きにも特徴があるという。

「魯山人は砂糖を入れないすき焼きを作ることで知られています。鉄鍋に脂を引いて、一度で食べられるだけの肉を入れて酒と醤油だけで食す。次に豆腐や野菜を入れて、やはり味付けは醤油と酒のみですが、酒はいいものを使う。魯山人流の食べ方にはどれも独自性が光っています」

　実は正木館長は、山代温泉の老舗旅館「白銀屋（しろがねや）」の一族の出だ。

「魯山人は亡くなる直前まで、ちょくちょく山代温泉に来ていました。うち（「白銀屋」）に泊まった時は、よく台所に立っては自分が食べるものを祖父と一緒に料理していました。その横にはいつも祖母がいまして、『だしをとるのに、あんなに昆布を使ったら、誰でもおいしくなる』と笑っていたのを覚えています」

　明治から昭和にかけて、書や陶芸、料理や絵画と幅広いジャンルで型破りな才能を発揮した芸術家・北大路魯山人。彼はなぜ石川県加賀温泉郷山代温泉の旅館の台所に立っていたのだろう――。

品格ある温泉街の佇まい

開湯一三〇〇年の由緒ある石川県加賀温泉郷山代温泉。その温泉街の真ん中に、明治時代初期の共同湯「総湯」を平成二十二（二〇一〇）年に復活させた「古総湯《こそうゆ》」が鎮座する。二階建ての白木の湯小屋には男女別の浴場のみ。扉を開けると洗い場などはなく、湯船がひとつあるだけで、当時の「湯あみ」スタイルを忠実に再現した。

湯船から湯を汲み上げて、かけ湯をしてから浸かると、ステンドグラス越しに光が射し、つややかな湯を照らす。体にも光があたる。ふと壁面に目をやると、九谷焼のタイルで彩られている。実に雅な眺めだ。

そんな湯小屋「古総湯」の横で、柳の葉が風にそよぐ。

「古総湯」を囲むようにして、弁柄《べんがら》格子をあしらった老舗の旅館が連なり、街並みの景観は統一されている。

人で賑わう温泉街にありがちなのぼり旗や屋台や露天商などは一切なく、すっきりとした佇まいには品がある。

この品格こそ、魯山人が大きく関わっているのだ。

江戸時代は加賀藩で決められた一八軒の宿が共同湯を囲むように建っていた。電力で温泉を配当している現代とは違い、土地の高低の落差によって山代温泉の源泉を各宿に引いていた。

この時代の特徴として、この周辺地域の文化的価値を重んじたことが挙げられる。歴代の前田家藩主は伝統芸能や伝統工芸の育成と保存など、文化水準を高めることに力を注いだ。これが世に言う「加賀百万石」の様式として結実し、山代温泉にも影響を及ぼしている。

正木館長が時代背景を教えてくれた。

「昔の宿は裕福でした。旦那方はみな道楽者だったんです。お茶や和歌、俳句、能、なかには絵を描く人もいて、何かしら芸事をやっていました。そうした趣味人である旅館の旦那衆を敬意を込めて『おあんさん』と呼んでいました」

大正四（一九一五）年、山代温泉に初めて北大路魯山人を連れてきたのは、山代のおあんさんと付き合いがあり、芸事に精通した実業家・細野燕台《えんたい》だった。金沢在住で、魯山人の生涯を通じての理解者であり支援者となった人物だ。

当時、魯山人は中国から帰国したばかりでまったくの無名。「福田大観《たいかん》」と名乗り北陸を放浪していた時に、細野燕台と出会い、山代温泉を訪れた。

そんな魯山人を面白がったのが、山代温泉の「吉野屋」「白銀屋」「あらや」三軒の旦那衆、おあんさんだった。

「界 加賀」に展示されている「白銀屋」の看板

「吉野屋」の旦那が貸してくれた別邸に半年ほど滞在しながら、夜な夜なおあんさん達と囲炉裏を囲み、芸事について語りあった。

　魯山人が逗留した「吉野屋」別邸は、現在は「いろは草庵」として一般公開されている。

　明治初期に建造された木造茅葺二階建ての「いろは草庵」の母屋に入ると、囲炉裏の間がある。奥には魯山人が使った机や道具がそのままの状態で展示されている。

　魯山人はここで、交流を持った三軒の宿の看板を制作した。「吉野屋」は陽刻で、「白銀屋」は陰刻で、「あらや」は陽刻と陰刻を取り入れた。おあんさん達はこうした看板制作に対価を払い、滞在中の金銭面の支援もした。

　実は山代に滞在中、魯山人の人生を変えたもうひとつの出会いがあった。それは九谷焼《くたにやき》窯元、初代・須田菁華《せいか》である。書家だった魯山人は菁華窯で初めて絵付けをしたことから

陶芸家として歩み始め、「器《うつわ》は料理の着物である」と名言を残すに至る。

初訪問の後にも、魯山人が山代温泉に足しげく通ったのは、自身の料理を出すための器を焼きに来ていたからとも言われている。もちろんその度に滞在しやすいよう、気を配っていたのは三軒のおあんさん達だった。

サロンで魯山人を囲む

魯山人と山代のおあんさん達との交流は生涯にわたり続いた。

「白銀屋」に滞在中は、しょっちゅう台所に立ち、料理をしては食べ、そして寛いだ。

魯山人が来ていた頃はまだ子どもだったという正木館長は、魯山人がサロンに佇む姿を覚えている。

「館内では浴衣に着替えて、よくサロンにいました。ソファーに座り、のけぞり、足をほうりだし、ビールを飲んでは、ぼうっとしていました。ビールはよく冷えた瓶と常温の瓶の二本を横に置き、自分好みにアレンジしていました」

正木家はそのサロンで魯山人を囲んだという。

「家族がみないる前で、魯山人が目の前でさらさら〜と描いてくれたのがこの作品です」と、図録『北大路魯山人展』に収録されている「女の顔」と「酒瓶とグラス」（どちらも

制作は昭和三十（一九五五）年）を見せてくれた。

「ティッシュを丸めたものを紙にポンポンと置きながら形づけ、色をつけていました」

正木館長はさらに魯山人との交流を語る。

「魯山人の相手をしていたのが祖母でした。魯山人が来るという知らせが届くと、『今の旬の食材は……』といそいそと鮮度のいい食材選びを始めていました。

魯山人は特に晩年になると、傍若無人な振る舞いのエピソードが有名ですが、少なくとも山代の人と喧嘩《けんか》した話は聞いたことがないですし、相手を思いやる人として記憶に残っています。おあんさん達が芸事に対して教養が深かったことと、客商売なので魯山人への接し方が上手《うま》かったからでしょうね」

金屏風に描かれた暁烏

魯山人が看板を制作した三軒の宿のうち、現在、家業として旅館を承継しているのは「あらや滔々庵《とうとうあん》」だけ。「吉野屋」は現存せず、「白銀屋」は星野リゾートの「界 加賀」として営業しており、看板や作品を飾るコーナーがある。

「あらや滔々庵」は江戸時代には大聖寺《だいしょうじ》藩初代藩主・前田利治《としはる》から山代温泉の湯壺の鍵を預かる湯番頭《ゆばんがしら》の命を受け、現在の荒屋源右衛門《げんえもん》氏で一八代目。魯山人と交流を持った

のは一五代目だった。

「古総湯」の正面に建つ「あらや滔々庵」の庭先には水が打ってあり、石畳の通路の先の玄関に入ると、金箔の紙に黒い暁烏《あけがらす》が描かれた衝立が目に入る。

「うちの一五代目が魯山人を囲んで宴席を催していた時に、上機嫌になった魯山人が、『描きたいから』と言うので、金の屏風をお持ちすると、瞬《また》く間に描いたそうです」と一八代目は語る。

「あらや滔々庵」のエントランスに飾られた「暁烏」の衝立。絵は魯山人によるもの

「一五代目はモダンな人でした。当時はみな布団で寝ていましたが、一五代目はベッドを使っていました。和歌を嗜《たしな》んだ趣味人でした」

「あらや滔々庵」には暁烏の金の衝立や「あらや」の看板以外にも、魯山人の書、絵、焼き物がここぞとばかりに館内に展示されている。

魯山人が滞在した客室は今も宿泊できるし、魯山人直伝の「鴨すき」も賞味できる。魯山人の器を使って食事ができるプランもある。

「あらや滔々庵」では、「美の源泉は自然である」「新鮮な食材に勝ることはない」「器は料理の着物で

ある」といった魯山人の哲学を基盤にし、魯山人の美的感覚が宿の佇まいや働くスタッフにも反映されている。実に折り目正しい宿で、感動する。

私は二五年もの間、数々の由緒ある温泉旅館を取材してきたが、同時に閉館や経営権譲渡という寂しい事態も目の当たりにしてきた。

旅館の承継とは、単なるファミリービジネスの継続に留まらない。

旅館は土地の歴史や文化を継ぐ役割も担っており、家業として事業承継できなくなった時、歴史や文化を語り継ぐ人も途絶えてしまうことになる。

「あらや滔々庵」一八代目が「あらや」の看板の下で、屋号を記した法被《はっぴ》を着て微笑んでくれた。その笑みは、宿が積み上げてきた歴史に裏打ちされたもので、いち旅館ファンである私にはとても頼もしく、尊く見えた。

北大路魯山人（きたおおじ・ろさんじん）
本名：北大路《きたおおじ》房次郎《ふさじろう》
明治16（1883）年3月23日〜昭和34（1959）年12月21日

第20話

清張おじちゃんと家出事件

――松本清張と千倉温泉「千倉館」

昭和の光と影を体現する作家

福岡県・小倉にある「北九州市立松本清張記念館」を初めて訪ねた時、度肝を抜かれた。ミステリー、ノンフィクションを中心とした幅広いジャンルの骨太な作品群、七〇〇冊にわたる著作という、圧倒的な仕事量を目の当たりにしたからだ。

清張の書斎や書庫、資料室が仕事中の状態のままで展示してあるが、最も注視したのは年表だった。幼少から青年期にかけての貧しい環境では学歴にも恵まれず、職も転々とした。作家として脚光を浴びるようになったのは、皆がひたすら上を向いていた高度経済成長期、清張が四十代半ばになってからである。

清張は社会派ミステリーのジャンルで高く評価されたが、作品全般に通底しているのは、この時期における市井の人々の金と権力と女への欲望を、リアルに描いていることだ。それは清張自身の欲の発露だったのだろうか。

まさに昭和の光と影を体現したかのような作家であり、松本清張は昭和の巨人である。

いまも清張は偉大な存在だ。没後三十数年と時は経っていても、まったく色あせていないのは、現在も清張作品が継続的に映像化されているのも大きいだろう。

清張自身を特集した番組も多く、そのうちＮＨＫ　ＢＳプレミアム「新日本風土記　松

本清張　昭和の旅」（令和三年五月二十一日放映）で、清張の元担当編集者・木俣正剛氏は、清張の仕事への向き合い方を語っている。

　いくつもの大作の連載を抱えていた清張に、木俣氏が「少し仕事をセーブしたら」と助言すると、厳しい顔で「君とは長く付き合っているのに、私のことがまったくわかっとらん。私には時間がない。書きたいことが山のようにあるんだ」と言い放ったそうだ。

『点と線』（連載昭和三十二〜三十三年）をはじめとして、清張の作品が全国各地を舞台にしたのはよく知られている。実際、清張自身が全国をくまなく旅し、取材して構想を練った。そのため多くの宿に足跡が残っている。

　これまで私は著名人の旅館滞在中の秘話を宿の主や女将に聞いてきたが、清張に関しては、仕事に没頭している話しか出てこなかった。

『湖底の光芒』（連載同三十八〜三十九年）を書いた長野県上諏訪温泉「布半《ぬのはん》」では、他のお客がチェックアウトした午後に、ホテルロビーに取材対象者が入れ代わり立ち代わりやって来て、清張がメモを取りながらインタビューする姿が目撃されている。

『Dの複合』（連載同四十〜四十二年）に登場する宿であり、清張も滞在した京都府・丹後の木津温泉「湯宿ゑびすや」では、執筆に夢中になると、食事には手を付けないという逸話を聞けた。

そんな仕事人・清張の素顔に触れたのは千葉県千倉《ちくら》温泉「千倉館」鈴木俊一良《しゅんいちろう》社長だ。

「随分前のことだから、記憶は定かではないけれど……」と断りながらも、鈴木社長が少年だった頃に見た、〝清張おじちゃん〟を思い出してくれた。

美味しい菓子をくれるおじちゃん

「清張先生がうちにお越しになったのは、いまから六七～六八年前でした。私が小学校から帰ると、先生のお部屋を覗きに行ったんです」

松本清張は「離れ」の二室を使用し、一部屋は仕事部屋、もう一部屋は寝室にした。

「仕事部屋をノックして、ガラガラと引き戸を開けると、清張先生は部屋の真ん中に置かれた机に前のめりになって、原稿を書いていました。紙が散らかっていて、あまりきれいな部屋じゃなかったな。

寒い時期でしたので、清張先生は宿の浴衣の上にどてらを着ていて大きく見えました。髪はぼさぼさで、分厚い眼鏡をして、真剣な表情でしたので、最初は『怖い人』と思ったのを覚えています」

それでも鈴木少年には清張の部屋に行く理由があった。

「千倉のあたりでは見たことがないような美味しいキャンディーやチョコレートをくれた

んですよ。そのうちに『おい、ボウズ』と私を呼んで、可愛がってくれるようになりました」

鈴木社長が微笑む。

「千倉館」の庭越しにみる「離れ」の客室

「清張先生から『今日は何人くらい泊まっているの』と尋ねられたこともありましたし、『ポットのお湯がなくなったから持ってきて』と言われれば、フロントに伝えに行きました」
そうした雑用は、ポットのお湯だけに留まらず――。
清張が当初の予定より長い滞在となったため、鈴木社長の父親（当時の社長）が追加の宿代を請求すると、
「清張先生が、『これ、お父さんに渡して』と小切手を私に託したんです。すぐに父に持っていきましたが、その小切手は手書きで押印もなかったので、父は心配になり、すぐに銀行に行き確認すると、無事に現金化できて、父はほっ

としていました」

これほど清張の部屋に出入りしていた鈴木少年だったが、行ってはいけない時間帯があった。

「父から『夕食を食べる頃からは、絶対に部屋に行ってはいけない』と、きつく言われていました。

当時、部屋には岡持ちで料理を運んでいました。清張先生は料理をつまみに部屋で酒を嗜んでいたようですが、その酒の相手に芸者を呼んでいたんです」

この辺りは漁業が盛んで、同時に置屋や花柳界もある花街だった。

長い歴史を持つ千倉

千倉には源頼朝ゆかりの地名が残っているし、頼朝の隠れ井戸などもある。

「千倉館」の前身は、かつて遊郭だった「川尻館」が転じた「川尻旅館」。それを昭和十五（一九四〇）年に鈴木会長の祖父が購入し、「千倉館」に改名した。購入直後に第二次世界大戦が始まり、戦時中は軍の宿舎として利用された。いわゆる一般のお客を受け入れる旅館として再スタートしたのは昭和二十（一九四五）年九月十五日だった。事実、「千倉館」の庭にはいまも防空壕の跡が残っている。

そのような歴史を持つ千倉や「千倉館」を気に入ったから、清張は予定より長く滞在したのかもしれない。

清張が使った客室は現在も普通に宿泊できる。

一〇畳の和室の真ん中に座卓が、窓際には鏡台が置かれている。

清張が執筆のために滞在した部屋（宿提供）

窓を開けると波の音がして、潮風が吹いてくる。

窓の外のデッキに出ると、横に幹が太いヤシの木が聳《そび》え立ち、大空に葉を広げている。少し先には房総の海がキラキラと輝いていた。

清張が滞在した頃はこの部屋のすぐ下に離れ専用の浴場があった。

千倉温泉は、千葉県で登録第一号の湯。もっとも古い分析表は大正四（一九一五）年に調査したものだ。

鈴木社長は「当時は、部屋専用のお風呂は珍しかったんですよ。それにお部屋から行きやすかったので、しょっちゅう温泉に入っていたんじゃないかな」と語る。この清張の温泉好きは、京都

府・木津温泉「湯宿ゑびすや」でも発揮されている。

清張は一日三回、朝昼晩と温泉に浸かった。清張が入った風呂は源泉のすぐ上にあり、湧きたての湯が湯船に注がれた。当時はさほど気にされていなかったが、いまでいう「源泉かけ流し」の贅沢な温泉だった。弱アルカリ単純温泉はのんびりと入浴できて湯疲れしないため、執筆中でも幾度も入れたのだろう。お湯の新鮮さを気に入っていたというから、清張は温泉に対しても見る目があったのだ。

家出事件と『影の車』

清張は「千倉館」で、昭和三十六（一九六一）年一月号から八月号まで連作短編として『婦人公論』に掲載され、同年八月に中央公論社（現・中央公論新社）から単行本で刊行された『影の車』を執筆した。

千倉出身で「千倉館」によく泊まりに来ていたイラストレーターの安西《あんざい》水丸《みずまる》と鈴木社長は、交友が深かった。

「水丸さんに、酒乱だった父、血がつながっていない父との難しい関係性を話すと、水丸さんから〝『影の車』は鈴木さんがモチーフになっていると思うな〟と教えてもらいました。読んでみると、なんとなくあの時の出来事が思い出されました」

「あの時」とは、清張が「千倉館」に滞在していた時を指す。

「父と喧嘩になり、私は家出をしたんです。ほんの一日半ほどでしたが、橋の下に隠れていました。お腹が減ってしまい、隣の魚屋のおばあちゃんが見つけてくれた時はほっとしたんです。

このことが清張先生の耳にも入ったらしく、『ボウズがいなくなったんだって？』と心配してくれたそうです。私が帰ってきてから清張先生の部屋に行くと、『どこ行ってたんだ』『お腹減っただろう』と優しく言葉をかけてくれました。なんだか恥ずかしかったですね」

『影の車』に収録されている「潜在光景」（後に松竹で「影の車」というタイトルで映画化）は、ごく平凡なサラリーマンが、不倫相手の六歳の息子が自分に抱く「殺意」らしいものに慄《おのの》き、次第に追い詰められていく心理サスペンス。

鈴木少年の家出と直接の因果関係はないが、ただ六歳の少年の描写が肝となるこの作品を執筆する際に、「ボウズ」と可愛がった鈴木少年の父に対する感情が、ストーリーの発想の素になった可能性は十分考えられる。映画では主人公と不倫相手の故郷が千倉に設定されたのも、その影響だろうか。

じつは、『影の車』によって、もう一人の作家が引き寄せられた。

それは村上春樹だ。

村上春樹のエッセイ集のイラストをたびたび安西水丸が描いており、二人の親密さはつとに有名だが、コンビを組んだ最初のエッセイ集『村上朝日堂』（昭和五十九〔一九八四〕年）に、このような一節がある。

「千倉というのは御存じのように千葉県の最南端にあって、漁村であります。とても静かな良いところで、僕も好きです。その昔松竹映画『影の車』の舞台になって、それで僕は千倉という町が好きになって、何度か遊びに行きました」

鈴木社長は教えてくれた。

「村上春樹さんも何度かお泊まりいただきましたが、いつも清張先生のお部屋を指定されました」

松本清張（まつもと・せいちょう）
本名：松本清張《まつもときよはる》
明治42（1909）年12月21日〜平成4（1992）年8月4日

第21話

立派なことはすべて先生が温泉で教えてくれた

——小津安二郎と「蓼科親湯温泉」

「水がうまい、酒がうまい、空気がうまい」

あたり一面に広がる雑木林のなかを歩いた。

手入れが行き届いた日本庭園を目の前にするとすっと背筋が伸びるが、自由に木々が茂り、自然そのものの雑木林に身を置くと、どこかほっとする。縛られているものから解き放たれ、普段着の自分でいられるような気がするのだ。

令和四（二〇二二）年の師走に入った日、私は長野県蓼科《たてしな》にいた。とても凍《しば》れる日で、「はっ」と息を吐き出すと白く濁った。地面から冷気があがってきて、足の爪先がこわばるほど底冷えする日だったが、空気は澄んでいた。

蓼科湖畔から眺める夕日は見事で、雑木林を黄金色に染めた。

周辺を車で走ると、山の斜辺にへばりつくように民家が点在している。平地に出ると奥に八ヶ岳が姿を現した。

かつて、この一帯は地元で山浦地方と呼ばれていた。

ここを「水がうまい、酒がうまい、空気がうまい」と評し、いたく気に入ったのは、原節子主演の「晩春」や「東京物語」などで世界から賞賛された巨匠・映画監督の小《お》津《づ》安《やす》二《じ》郎《ろう》だ。

生涯で五四本の作品を世に送った小津が晩年、この蓼科で過ごし、映画の構想を練り、盟友で脚本家の野田高梧《こうご》と一緒に脚本を書いていたことはつとに知られている。

小津安二郎と蓼科の出合い

昭和二十九（一九五四）年八月十八日。

野田高梧の別荘「雲呼荘《うんこそう》」を訪ねたのが、小津にとって初めての蓼科だった。

滞在は三週間ほどだったが、

「雲低く寝待月出でて遠望模糊《もこ》、まことに佳境、連日の俗腸《ぞくちょう》を洗ふ」

と蓼科を気に入った心境を言葉に残している。

それから二年後に、小津は仕事部屋を神奈川県茅ヶ崎市「茅ヶ崎館」から蓼科に移す。

そして昭和三十二（一九五七）年公開の「東京暮色」から最後の作品「秋刀魚《さんま》の味」まで七本の映画のうち、「彼岸花」を除く六本の脚本を蓼科で執筆した。

蓼科での様子は平成二十五（二〇一三）年に刊行された『蓼科日記抄』に詳しい。元となったのは、小津や野田、「雲呼荘」を訪ねた客たちが自由に記せた雑記帳で、トータルで一八冊にも及ぶ。そのなかから脚本の執筆に関わる部分がおもに収録されている。一三年は小津生誕一一〇年、没後五〇年。さらに野田生誕一二〇年、没後四五年でもある記念

の年に出版されたので、話題になった。地元では小津と野田が歩いた道を「小津の散歩道」と命名した。

脚本の執筆といっても、大半は日々の生活の記録。食べたもの、見た風景といった些細な出来事が淡々と続く。とりわけ酒を飲む描写が多い。

客人とともに出かけた当時の喫茶店「蓼科アイス」は特に小津のお気に入りで、「アイス夫人」という愛称まで出てくる。こうした地元の人との交流以上に、私の目を引いたのは「親湯《しんゆ》」についてだ。

「親湯」と表記されているのは、平安時代に坂上田村麻呂《さかのうえのたむらまろ》が発見したと伝えられ、滝ノ湯川沿いに湧出する親湯温泉のことを指す。武田信玄の隠し湯として知られ、また文人墨客に愛されてきた。当時は「親湯温泉ホテル」一軒のみだったが、小津や野田は散歩で立ち寄りやすく、日常的に「親湯」に入っていたようだ。また訪ねてきたお客をよく「親湯」に連れて行っていた。

事実、『蓼科日記抄』の冒頭には「親湯への道すがら」と説明が入った写真が掲載されているが、野田、野田の妻の静らとともに、柔和な表情をした小津が杖をついた着物姿で写っている。

本文中からも親湯温泉と近しい間柄であった記述が残る。

朝、親湯へいく。来て初めての入浴なり。湯瀧に打たれ、プールで泳ぐ。（高）

「親湯」にて裏側に宴会場を増築することになり、そこの岩盤を崩したるため、石垣用の石が沢山出来、それが一個二十五円なりといふ。即ち買求めて裏庭に石垣を築かんとし利市に手配を頼む。（高）

朝から雨、一同無為、徒《いたず》らに読書に耽《ふ》ける。利市君、徳郎君よりの傳言《でんごん》なりとて二十六日午後二時よりの親湯新築祝ひへの招待の内諾を得たき旨話あり。

蓼科を訪れた映画監督の新藤《しんどう》兼《かね》人《と》は、

七時親湯温泉のいちばん奥の部屋で目がさめる。いい天気だ。まだ陽は当らないが、向こうの山脈にはもう太陽が当っている。

きのう、はじめて蓼科を訪れた。以前から野田さんに一度くるようにいわれていたので、いつか訪れようと思っていたが（中略）すばらしい所だ。拓かれていな〔い〕感じがいい。十二時に野田邸（三十年前に建てた小さな家）に着いてみると、小津さん下河原君の三人で朝酒がはじまっていた。

と記している。

蓼科で小津の世話をしていたという柳澤徳一さんは、『蓼科日記抄』にもその名が出てくる。小津安二郎記念館「無藝荘」初代火代番《ほしろばん》（囲炉裏の火を絶やさないための番人）も務めていた、いまとなっては直接小津と関わったことがある数少ない人だ。

小津と親睦があった蓼科親湯温泉

徳一さんが小津と出会ったのは、徳一さんの父・柳澤徳郎氏が、蓼科での小津の拠点となった「無藝荘」を世話したことから始まる。戦前、諏訪の財閥であった片倉家が所有していた「片倉山荘」を小津が借りて「無藝荘」と名付けた。またこの頃は蓼科の土地の大部分は湯川村の所有だったが、建物はそれぞれが権利を持っていた。本来、小津がやるべき煩雑な手続きを徳郎氏が手伝ってあげたのがきっかけとなり、留守になりがちな冬は管理を任された。そうした経緯もあって、徳郎氏や徳一さんと小津は親しくなる。

「『全日記　小津安二郎』には、小津先生が湯川にあるうちの方に散歩していた記録がありますし、『徳郎氏息徳市《ママ》氏結婚式なるも雨となりてさぞかし難渋のことならむ』という私の結婚式の記述もあるんですよ」と徳一さんは誇らしそう。

小津は徳一さんの家にフラリとよく来た。

「当時の私の家の縁側は軒下にさらされていましたが、農作業には都合よかった。収穫された野菜をここに並べて数えたり、干すのによく使いました」

　まさにそうした農作業をしていた時に小津は訪れた。

「小津先生は縁側に腰かけ、ささくれだった縁側の板をしばらく眺めていて、座敷に来ないんです。私が『汚くて申し訳ありません。そのうち張り替えて綺麗にしますから』と言うと、『いや、張り替えちゃいかん。これでいいんだよ、趣があってね』とおっしゃいました。

　築二〇〇年が経っていましたから、一八畳ある中の間の天井も煤で黒ずんでいましたが、小津先生は見上げて、『ほう、素晴らしいね』と。小津先生は、『古い農家の住まいは、

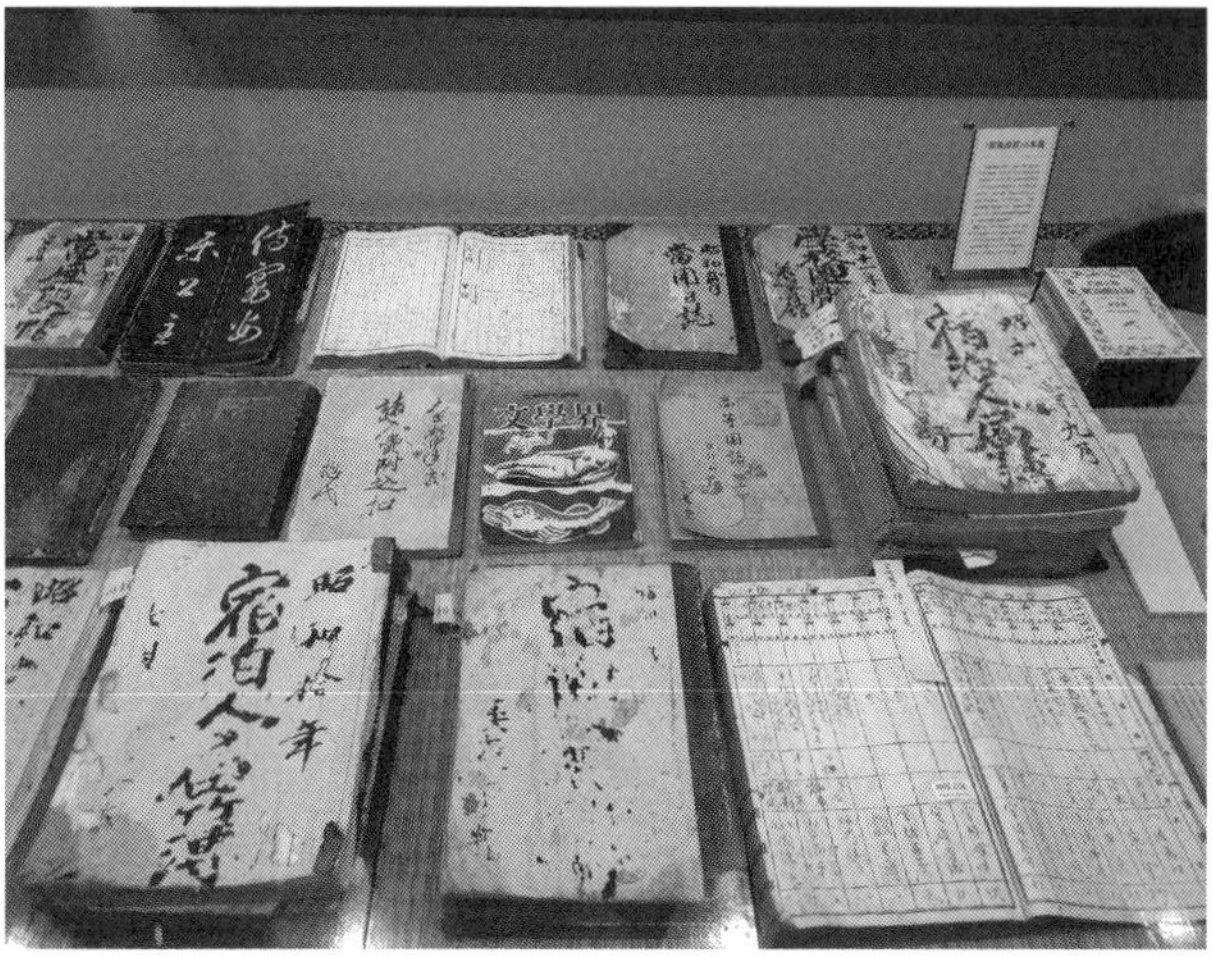

蓼科親湯温泉に展示されている貴重な宿帳

心が安らぐ立派な造りだ。あまり手を入れずに大切にしなさいよ。柱や梁も立派だから、決して手を入れてはダメ。壊してはダメ』と言ってくださいました。あの時の話が心に残り、何回か改修を重ねてきましたが、小津先生が訪ねてくださった家の面影を残しています」と徳一さんはしみじみと話す。

小津が蓼科にいた頃、徳一さんは「親湯温泉ホテル」の社員だった。

「当時は親湯の宿泊棟の前に温泉プールがありまして、その温泉プールに小津先生を囲んで入りました。何度も一緒に入りましたよ。入浴中は、いつもいろいろなことを教えてくれました。私は学校を出たわけではないから、立派なことはすべて小津先生が温泉で教えてくれた」と振り返る。

小津のもとには様々な客人がやって来た。

昭和の名優であり、小津映画によく出演していた佐田《さだ》啓二《けいじ》が蓼科に来た時のこと。「親湯」を予約しており、徳一さんは佐田夫婦に、小津が最も気に入っていた、眺めのいい二階の「夕映えの間」を案内するつもりだったが——。

「小津先生は、『おい、徳一君、今日は階段をあがる部屋じゃダメだぞ』と、夫妻を気遣っていました。佐田啓二さんの奥さんは妊娠されていたんです。中井貴恵《きえ》さんがお腹にいました。小津先生の優しさです」

その後、佐田啓二、笠智衆《りゅうちしゅう》、新藤兼人らも続々と蓼科に居を持ち、蓼科は映画人の交流の場にもなっていった。

明治時代から文人たちが集う

江戸時代の「親湯」は、山里の一角に湯けむりをたなびかせる素朴な温泉地で、地元の人が利用する湯治場でしかなかった。

そんな山奥のいで湯に、明治、大正、昭和初期にかけて、なぜ、文化人が集うようになったのだろう——。

それは蓼科親湯温泉から車で一〇分ほどの湯川出身のアララギ派の歌人で、『野菊の墓』で知られる伊藤左千夫《さちお》に師事していた篠原志都児《しずこ》の存在が大きい。

篠原志都児に案内され、伊藤左千夫は蓼科親湯温泉を度々訪れるようになり、明治四十二（一九〇九）年には「蓼科山歌」一〇首を詠む。その後も、伊藤左千夫を中心に、蓼科で歌会が開催され、多くの文人歌人に蓼科が知れ渡った。

島木赤彦や斎藤茂吉、高浜虚子《きょし》、柳原白蓮《やなぎわらびゃくれん》が歌や俳句を残し、あの太宰治は新婚旅行で蓼科親湯温泉を訪れている。

野田が別荘を構え、小津が仕事場にしたのも、こうした土壌があってのことだろう。

3万5000冊の蔵書があるライブラリーラウンジ

膨大な館内の蔵書

かつて蓼科親湯温泉の権利も湯川村が持っていたが、大正十五（一九二六）年に初代・柳澤幸衛が旅館業を始めた。柳澤幸衛は、創業以前から蓼科親湯温泉に携わっていたこともあり、篠原志都児や伊藤左千夫から掛け軸や書を譲り受けた。

現在の「蓼科親湯温泉」（宿名）は、こうした土地の歴史を知ることができる唯一の場所として、地域の〝顔〟の役割を果たしている。

篠原志都児や伊藤左千夫や柳原白蓮などの書が各所に掲示されている。ガラスのショーケースには明治、大正、

昭和初期の宿帳が納められ、宿の歴史を実感する。柳原白蓮の自筆のサインも見ることができる。

全五二室のなかには、伊藤左千夫、太宰治、幸田文《こうだあや》、柳原白蓮といった蓼科ゆかりの文人一〇人をモチーフにした客室もある。

幸田文ルームの前には名著『闘』が展示され、室内には『幸田文全集』や『きもの』の美しい単行本などが並べられていた。私が宿泊した晩は幸田文作品を読みふけった。

なお館内の蔵書は全三万五〇〇〇冊というから、圧倒される。

四代目の柳澤幸輝社長からは単なる宿の承継だけでなく、蓼科が積み重ねてきた文化的財産もきちんと受け継ごうとする意気込みを感じる。

「私はうちの宿で蓼科を表現したい。蓼科で創造された作品は一般的には『蓼科文学』と言われますが、地元では『山浦文学』と呼んでいます。小津安二郎先生の部屋『夕映えの間』も作りました」

「夕映えの間」には小津の姪御《めいご》さんから譲り受けた小津愛用の火箸や一輪挿し、お猪口《ちょこ》、花瓶などが展示されている。

小津安二郎（おづ・やすじろう）
明治36（1903）年12月12日〜昭和38（1963）年12月12日

野田高梧（のだ・こうご）
明治26（1893）年11月19日〜昭和43（1968）年9月23日

新藤兼人（しんどう・かねと）
本名：新藤《しんどう》兼《かね》登《と》
明治45（1912）年4月22日〜平成24（2012）年5月29日

第22話

日本文学の金字塔を生んだ湯の華と雪景色

――『雪国』と越後湯沢温泉「高半」

日本文学の金字塔を生んだ湯

年越しを新潟県越後湯沢温泉「雪國《ゆきぐに》の宿　高半《たかはん》」で過ごしたことがある。雪がよく降る年で、「はっ〜」と息を吐くと真っ白く空気が凍りそうな寒さ。白銀の世界が広がり、分厚いダウンを着ていても手足の末端は凍えていた。

身体を温泉で温めようと大浴場に行くと、外気温の差と、もくもくと立ち上がる湯気で窓ガラスは曇っていた。

お湯が湯船に注がれる「ちゃぽちゃぽ」という音が耳に心地良い。湯気は乾いた肌を潤してくれ、足の爪先まで温まってくる。

大浴場の壁には、ノーベル文学賞作家の川端康成が妻にしたためた手紙の一節が掲示されていた。

「このあたりの温泉は神経痛によいらしい。暖かくなつたせゐもあらうが、徹夜の後の無理で痛んでも直ぐよくなる（後略）…湯はぬるいこと　前便通りだが、石鹸のあぶく立つこと、東京以上で、肌にいいと思はれる。（後略）昭和9年6月16日附」

川端が「肌にいい」と妻に伝えた湯は、硫黄と甘い香りがする。湯のなかでふわふわと白い小花、湯の華が咲く。

降り注ぐ雪がもたらす情景とこのお湯は、日本文学の金字塔を生み出した。

実在した芸者「駒子」のモデル

国境の長いトンネルを抜けると雪国であった。夜の底が白くなった。信号所に汽車が止まった。

あまりにも有名な『雪国』の冒頭だ。とりわけ「夜の底が白くなった」は日本の美的感覚が凝縮された、川端康成ならではの表現として名高い。

その『雪国』は、川端康成が「高半旅館」（当時の屋号）で執筆した作品である。川端が滞在した客室「かすみの間」は移築されたが、当時のままの状態で保存されていて、川端が気に入っていた優美な越後連山の眺めも変わらない。入り口には当時、着物の上に羽織った分厚いウールのマントも展示され、その時代を彷彿させる。

昭和九（一九三四）年から十一（三六）年まで、川端は五回「高半旅館」にやってきた。たいがい夜更けから明け方まで原稿を書く。出来上がった原稿は高半の番頭に預け、休む。番頭は原稿を持ち、湯沢駅に向かい、始発の汽車にその原稿を乗せた。汽車が到着する頃、上野駅には川端の妻が待ち構えていて、原稿をそのまま出版社へ持ち込んだ。

川端がひと眠りし、目覚めるのは昼頃。昼なれど朝ご飯を摂るのが恒例で、その後、日中は帳場周辺に集まる湯沢の人たちの噂話に聞き耳を立てていることが多かった。川端の滞在中に起きた湯沢の大火事では、人々の動向をつぶさに捉え、『雪国』の火事の描写に活かしている。

こうした昭和初期の出来事を語り継いでいるのは、「高半旅館」の娘として生まれ育った女将の高橋はるみさんだ。古くからこの近隣で盛んだった織物の代表格である、塩沢紬《つむぎ》や十日町《とおかまち》紬を品よく着こなす越後の女性だ。

「かすみの間」と同じフロアには「文学資料室」もあり、川端が書いた力強い「雪国」の文字が入った藍色の暖簾をくぐると、明治三十九（一九〇六）年頃からの越後湯沢の風景や、川端が通った昭和十（一九三五）年頃の木造三階建ての「高半旅館」の写真など貴重な資料を見ることができる。

そのなかで私の目に留まったのは、『雪国』の主人公・島村と恋に落ちた芸者・駒子のモデルと伝えられる松栄《まつえ》さんの写真だ。

『雪国』では、駒子を「女の印象は不思議なくらい清潔であった。足指の裏の窪みまできれいであろうと思われた」と描写しているが、はるみ女将によれば実際の松栄さんは、

「川端先生がうちに滞在していた時に、松栄さんが芸者としていらしたのよ。色白で綺麗で、売れっ子の芸者さんだったそうですよ。でも媚《こ》びを売るようなことはなく、気丈で、

機転も利く明るい方だったと聞いています」。

さらに松栄さんの魅力が体現された逸話も聞かせてくれた。

「とっても読書家で、夜更けまで懐中電灯を片手に本を読んでいたそうですよ。晩年、病床で小説を読んでいる松栄さんに看護婦さんが『恋愛小説ですか』と尋ねると、『恋愛は読むものじゃなくてするものよ』と切り返したんですって」

「文学資料室」には他にも、広間の宴会で川端康成の隣で話し込む岸恵子や微笑んでいる池《いけ》部良《べりょう》、愛らしい笑顔で雪原を行く八《や》千《ち》草《ぐさ》薫《かおる》といった写真が飾られている。

そう、これらは昭和三十二（一九五七）年に公開された映画「雪国」の撮影の際のスナップだ。撮影中、出演者たちは川端と同様に「高半旅館」に滞在していたのである。

スターたちが湯沢にやってきた

昭和三十年代といえば、日本映画の黄金期。大手映画会社五社が毎週のように新作映画を封切り、観客が詰めかけた。

そんな娯楽の王様である映画の撮影が湯沢で行われたのだから、大騒ぎになる。

映画「雪国」の撮影が行われた昭和三十一年秋から昭和三十二年初頭は、はるみ女将は十歳（小学校四年生）だった。

「撮影中、高半の玄関はいつも周辺の住民でいっぱいでした。だって、見たことのないような華やかな人たちがやって来ましたからね。みんな、スターを一目見たくて、いつも誰かしらがうろうろしていたわ。

池部さんはかっこいいお兄ちゃん。岸恵子さんがダントツに綺麗。ここらの芸者を演じるには上品すぎる女優さんだなぁって子どもながらに思ったことを覚えています。

華やかさでは岸さん、八千草さんは落ち着いていてお姉さんのようでした」

池部良は東京から雪深い里を訪ねてきた主人公の島村役。岸恵子は芸者・駒子役。八千草薫は駒子の知り合い・葉子役で、病床に臥《ふ》している、駒子の婚約者の面倒を見ていた。かいがいしくいじらしい葉子が印象的だが、八千草薫の素顔はどんなものだったのだろう。

「撮影に入る前に、衣装用に十日町の織物会社の滝文さんが、いくつも反物を持ってきて、出演者が好みの柄を選びました。八千草さんはずいぶん後になって、選んだ柄の着物を着て『私の大好きな着物』と、女性誌のインタビューで答えていました。本当にお気に召していたんですね」

その着物は、全面に越後らしい絣《かすり》模様が入っている。華奢な八千草薫が着ると、大きな模様が目に留まるし、なんだか八千草薫の存在感が増すようだ。

ちなみに令和元（二〇一九）年に刊行された八千草薫の著書『まあまあふうふう。』に

は、普段着はもちろんのこと、ちょっとした取材やテレビ出演の際も洋服は自分で選ぶ。芝居の時もいったん用意された衣装を着るが、役に沿わないと感じると意見する、とある。「服はただ着飾って見せるためのものだけではなくて、その人自身、私自身を表すものですから。／だからこそ、自分の好きなもの――いいなと思うものを大事に着たいのです」という彼女の言葉を裏付けるような数枚の写真を、はるみ女将から見せてもらった。

映画「雪国」撮影時の八千草薫（宿提供）

撮影の合間に撮られた写真だろうか、実にリラックスして、どこかいたずらっ子のような笑みを浮かべている。ジャケットと黒いパンツにスニーカー（運動靴）という姿は実にスポーティー。活発な様子が窺える。

『まあまあふうふう。』には「私は山登りが、

映画撮影の合間に撮られたと思われるオフショット（宿提供）

とにかく好き。山が好きなのです」と書かれているが、まさにこれから越後の山に入るかのような装い。楚々《そそ》としたイメージがあるが、実際は闊《かっ》達《たつ》な人なのだろう。

一緒に写真を見ながら、はるみ女将が、

「八千草さんは本当に優しそうな方でしたが、さすが女優さんですよね、カメラが回り始めると、急に、顔つきが変わるの。顔がキリリとするのね。空気が変わるって、ああいうことをいうのね……」

と思い起こす。

「すごいオーラがあって、私なんて恥ずかしくて会話する余裕はなかったわ」

過酷な撮影を支えたニンニク

映画「雪国」の撮影秘話をさらにいくつか披露してもらった。

「川のなかに入って、池部良さんが岸惠子さんを背負うシーンがあるじゃない。とっても川の水は冷たかったのに、『もっと芸者らしく』って監督に怒られて、岸さんが何度もNGを出されたそうです。そんな岸さんを励ますために、池部さんが『今夜はすき焼きにしよう』って、全員にふるまってくださって。皆さん、大喜びでした」

映画の撮影は過酷だ。

「冬は皆さんでよくニンニクを食べて、体調管理していたわ。撮影中に風邪をひかないようにとね。スタッフも合わせて、多い時は四〇〜五〇人いたんじゃないかしら」

華やかな一幕もあった。

「撮影中に岸さんが婚約発表されたのよ。パーティーをやるっていうから、子ども心に、『宴会ではなくパーティーって、何をやるんだろう』と思ってたら、お酒を飲んで、ダンスしてました」

映画の撮影に駆り出されて

豊田四郎監督が、学校帰りのはるみ女将を「ちょっと来て、ここに入って」と呼び止めた。そして「はい、上を見て、口を開けて」と、映画用の大きなカメラで撮影された。

「お隣には、八千草薫さんがいたのよ。びっくりしたし、恥ずかしくて困ったな〜と思ったのをよく覚えています」

当時、子供たちが着ていた〝だるまマント〟姿ではるみ女将は撮影された。残念ながら映画本編ではこのショットは使われなかったが、現在販売されている「雪国」のＤＶＤのパッケージには写真が載っている。

もっとも思い出深かったのは、

「私が風邪をひいたって伝わって、池部さんが私に赤いチェックのコートをくださったの。当時は無地の〝だるまマント〟しかなかったから、本当に素敵で、そればかり着ていたわ（笑）」

と、はるみ女将。

ＮＧを出された岸惠子へのフォローにしろ、池部良の女性にもてた秘訣はこうした憎い心くばりにあっただろうか。

川端康成が『雪国』を執筆した「かすみの間」

映画の公開から六〇年以上経っているが、「二時間もの大作映画になったのは、映像が綺麗だったから短くできなかったからって聞いたことがあります。魚沼の風景をよく撮ってくださったわよね」と、はるみ女将はいまでも嬉しそう。

寒さ厳しい季節になると、また「高半」に行きたくなってくる。映画「雪国」は、「高半」で毎日上映されている。

川端康成（かわばた・やすなり）
明治32（1899）年6月14日〜昭和47（1972）年4月16日

池部 良（いけべ・りょう）
大正7（1918）年2月11日〜平成22（2010）年10月8日

八千草薫（やちぐさ・かおる）
本名：谷口《たにぐち》瞳《ひとみ》
昭和6（1931）年1月6日〜令和元（2019）年10月24日

岸 惠子（きし・けいこ）
昭和7（1932）年8月11日〜

第23話

ニッポンの温泉の原風景がここにある

――宮沢賢治と大沢温泉

没後九〇年　愛され続ける賢治

私が岩手県花巻市を訪れたのは令和五（二〇二三）年九月二十一日。たまたまである。だが実はその日は花巻市にとって特別な日だった。

翌日、タクシーに乗ると運転手さんが朴訥《ぼくとつ》と教えてくれた。

「昨日はね、宮沢賢治が亡くなって九〇年、全国から集まった賢治ファンと花巻の人たちでイベントをしたんです。地元で賢治を嫌いな人はいないんじゃないかな」

花巻で生まれ育ち、ほとんどの時間をここで過ごした宮沢賢治は、花巻を「イーハトーブ（賢治の造語で「理想郷」の意味）」と呼んだ。

賢治は花巻が豊かになるように農業従事者に心を割き、時間を注いだ。地元への貢献を貫いた生涯だったが、もうひとつの才を賢治は有していた。

宮沢賢治といえば、知らぬ人のいない詩人であり童話作家である。『風の又三郎』『注文の多い料理店』『銀河鉄道の夜』などは、広く長く読み継がれる永遠の名作だ。

そんな賢治ゆかりの地が花巻温泉郷大沢温泉である。開湯一二〇〇年を誇り、旅館「山水閣《さんすいかく》」、茅葺屋根の「菊水舘」、食事は出さないが自炊

ができて、一泊五〇〇〇〇円ほどで泊まれる昔ながらの「湯治屋」の三棟から成る。

豊沢川の両岸に建物が並び、川を望む混浴露天風呂「大沢の湯」に入れば、間近で川風を感じ、川音を聞きながら湯あみができる。まさに秘湯である。

そして「菊水舘」では「もうひとつの鈴木敏夫とジブリ展」が令和五（二〇二三）年十二月十七日まで開催されていた。

なぜ、この秘湯でスタジオジブリの企画展が開催されているのか。やはりそこには宮沢賢治の存在が関わっている。

展示場には、スタジオジブリの名プロデューサー・鈴木敏夫氏が語る七分程のインタビュー映像が流れている。そのなかで鈴木氏は度々「僕は宮沢賢治ファン」と言及し、大沢温泉を何度も訪れていると語っていた。

そのような縁もあって、築一六〇年の「菊水舘」の一部が茅葺ホール「茅《ちがや》」として生まれ変わる際に、リニューアルオープン記念企画として「もうひとつの鈴木敏夫とジブリ展」の開催が決まった。

「菊水舘」の茅葺屋根は補修され、一階の和室九部屋がひとつのスペースにまとめられた。その結果、太い梁《はり》と柱、白壁、フローリングで構成された細長いホールとなった。見上げると茅葺屋根の内側の様子がよくわかる。

ホールに入ってすぐに、鈴木氏の書による宮沢賢治の「雨ニモマケズ」の詩の全文が展

示され、至るところに鈴木氏の書や鈴木氏が愛した風景写真が飾られている。

ホール中央で存在感を示すのが「となりのトトロ」のフォトスポット。大きな木の下でトトロが佇み、横にメイちゃんがいる。いかにもジブリらしくて、つい和んでしまった。

「菊水舘」玄関脇の駐車場には、「ハウルの動く城」の巨大バルーンが置かれていて、わくわくした。

鄙《ひな》びた秘湯だった大沢温泉が、スタジオジブリの企画展によって、過去と現代が融合した空間となり、一気に華やいだ。

この日の展示会場には、若い女性客の姿が目立った。

日本の温泉の原風景「湯治屋」

「鈴木さんは『ホテルは息苦しい』とおっしゃられ、賢治ゆかりの『湯治屋』にお泊まりになられます。川岸の露天風呂『大沢の湯』に最も近い部屋を気に入っており、食事はスタッフの皆さんと『湯治屋』にある食事処『やはぎ』で摂られます」と、高田貞一社長が教えてくれた。

日本人ならば、必ず郷愁をかきたてられる、日本の温泉の原風景が詰まっている場所。

「湯治屋」の炊事場

それが大沢温泉の「湯治屋」である。

「湯治屋」のロビー横には一五畳《じょう》ほどの畳の間があり、伝統文様の飾り金具があしらわれた箪笥が置かれている。

通路の先の売店には、いわゆるお土産物もあるが、飲み物や簡単な生鮮食料品、パンやカップ麺といった軽食も購入できる。

さらに通路を行くと、食事処「やはぎ」に至る。チキンカツ定食八五〇円、しょうが焼き定食一二〇〇円、もりそば一一〇〇円などのメニューからして、町の食堂価格で気安いことがわかる。

細い通路をもっと進むと、六畳や八畳の和室が並ぶ。鍵はかからず、部屋の仕切りはふすまのみで、お隣の客室のいびきも聞こえてきそうだ。部屋には布団や浴衣、アメニティーなど一切ついておらず、希望者には貸し出す。一切合切借りても一泊五〇〇〇円弱なり。

炊事場もある。中央には大きなステンレスの調理台、両脇には七～八分一〇円でガスが使用できるコンロが連なる。

男性の湯治客が「ひとり鍋を作ってます」と言うので、調理中の鍋をのぞくと、具沢山の野菜に豆腐が入っていた。

廊下を歩くと「きゅっ、きゅっ」と、木造ゆえの懐かしい音が鳴る。「湯治屋」には、二週間ほど逗留しているという高齢の湯治客もいたが、大半は若い人たちが占め、ジャージ姿で行き交っていた。大学の学生が合宿で来ており、理由を尋ねてみると「安く泊まれて名湯が体験できるから」と返された。

高齢者も大学生も、みな顔がゆるんでいる。ぬくもりがある。

古いが、新しい、不思議な場所。

こうして人が人を呼ぶ幸せなサイクルが生まれているのを見て、大沢温泉「湯治屋」こそ、賢治が求めたイーハトーブなのかもしれないと思った。

賢治がいたずらした「大沢の湯」

花巻で生まれ育った宮沢賢治は、幼少の頃から花巻温泉郷の志戸平《しどたいら》温泉や西鉛《にしなまり》温泉（現在は閉鎖）へ出かけていた。膝がかぶれたといっては志戸平温泉へ、妹トシの療養に西鉛温泉へ。

賢治の母方の親戚が志戸平と西鉛で湯治宿の経営に携わっていたこともあり、賢治にとって、温泉はごく身近なものだったのだろう。

また賢治の父は社会福祉活動や仏教の普及に力を注いでいた。毎年夏に子どもたちを集

大沢温泉滞在中の宮沢賢治（最前列左端から3番目の子の後ろで少し首をかしげているのが賢治）（宿提供）

めて仏教講習会を開催していたが、その会場が大沢温泉だった。講習会に参加した賢治の写真はいまも残っている。

　賢治が十四歳の時、友人に宛てた手紙には賢治の気性を示す珍エピソードが綴られている。

「僕は先頃一週間ばかり大沢に行った。大事件は時に起こったね。

　どうも僕はいたずらしすぎて困るんだ」

　当時、大沢温泉は川の上流に設置した水車を動力としたポンプで、源泉からお湯をくみ上げて、湯坪（湯壺《ゆつぼ》）に落としていた。川は水車と湯坪の二手に分

かれていた。お湯が熱い時には川の水を湯坪に入れられるようになっており、普段は止められている。長く使われていなかったのか、湯坪への水路には蛙の死骸や蛇の抜け殻などがあった。

賢治の手紙によれば、

「乃公《だいこう》（自分のこと）考えたね。そこでそのとめを取った。ところがまた本のようにならない。水はみんな湯坪にいった。水車は留った」

水は勢いよく湯坪に流れ、お湯は溢れ、湯坪ならぬ、水坪になってしまったという顚末だ。

この時の情景描写も手紙に綴っている。

「後に湯坪に行って見ると蛇のむけがら蛙の死がい。泥水。石ころ。下駄片方。いやさんたんたる様だぁね」

なんと賢治がいたずらを仕出かした日は、たまたま巡査が混浴風呂の風紀の指導をしていたというから、騒ぎはさらに大きくなった。

そうした賢治の若き日の無鉄砲を思い起こしながら、「大沢の湯」に浸かるのもこれまた一興である。

賢治は盛岡高等農林学校在籍時、趣味は石の収集で、「石ころ賢さん」と愛称がつくほどだった。地質学の研究にも熱が入り、同校の教授から、助教授になるよう推薦も受ける

が、断り、一度は花巻に戻る。

しかし宗教家の父といさかいがあり、一度は東京に出てくるが、最愛の妹が病床に臥したという知らせで、再び花巻に帰る。

賢治は花巻農学校の教壇に立ち、生徒を連れて度々大沢温泉を訪れた。

賢治には湯脈が見えていた⁉

生徒とともに花巻温泉から釜淵の滝あたりの地質調査をした体験を元に書かれたのが、短編「台川《だいかわ》」だ。エッセイの味わいもある。

そのなかで断層を観察しながら、

「ここをごらんなさい。岩石の裂け目に沿って赤く色が変っているでしょう。裂け目のないところにも赤い条《すじ》の通っているところがあるでしょう。この裂け目を温泉が通ったのです。温泉の作用で岩が赤くなったのです」

と、生徒たちに岩の変質を解説する一節があり、賢治の地質についての博覧強記ぶりがわかる。

こうした調査の後は、いつも温泉に立ち寄っていた。

こんな逸話も残る。

荒れ果てた土地を購入した人から「リンゴ園にしようと思う」と聞いた賢治は「ここは青森の大鰐《おおわに》温泉のような温泉地になるよ」と温泉掘削を勧めた。掘ってみると、見事に温泉が湧き出した。

別の土地についても、賢治は父に「温泉が出るから購入した方がいい」と助言。父が迷っているうちに他の人が購入してしまったが、後にその土地から本当に温泉が湧き出て、購入した人はひと財産を築いたという。

もしかすると賢治には土地に眠る温泉の湯脈が見えていたのだろうか。

賢治の幻想的な詩や童話を読んでいると、賢治にそのような力があっても不思議ではない気がしてくる。

宮沢賢治（みやざわ・けんじ）
明治29（1896）年8月27日～昭和8（1933）年9月21日

第24話

万人を「裸」にしてしまう女将の魔法

——橋田壽賀子、花登筐とかみのやま温泉「古窯」

三代の女将が取り仕切る宿

八階の「展望大浴場」の大きなガラス越しに、壮大な蔵王《ざおう》連峰が見渡せる。露天風呂に出れば、真っ青な空に浮かぶように峰が立つ。昼は蔵王の雪景色、夜は星空の下で市街地に灯りがともる風景が広がる。湯船に注がれる温泉は硫酸塩泉で、湯上がりは肌が柔らかくなる。名物は山形牛や米沢牛のステーキにすき焼き、そして豊富な果物。

山形新幹線の駅名になっていることでもお馴染みのかみのやま温泉には、「プロが選ぶ日本のホテル・旅館１００選」で、四〇年以上にわたって連続トップテン入りした宿がある。

「日本の宿　古窯《こよう》」だ。

「古窯」は、一三〇〇年前（奈良時代）の窯跡が敷地内から見つかったことから、その名がついた。滞在中に皿に絵付けをすると、窯で焼いてくれ、翌朝、売店で受け取れる「らくやき」サービスが名物で、館内には古窯を愛した人たちによる二〇〇枚以上もの「らくやき」が展示されている。それも美空ひばり、石原裕次郎、渡哲也、舟木一夫、高峰秀子、島倉千代子、森繁久彌、三波春夫、永六輔《えいろくすけ》、岡本太郎、井上ひさし、柳家《やなぎや》小《こ》さんと著名なスターや文化人、作家といった錚々《そうそう》たる顔ぶれだ。

その「古窯」を大女将、女将、若女将と三代の女将が取り仕切る。

大女将の佐藤幸子さんは、昭和、平成、令和を見つめてきて、女将歴は七〇年。女将たちのバイブル『からっぽの金庫から』等、著作も多い。

その経歴から、人をのみこんでしまうような圧倒的な存在感の女性を想像していたが、初めてお会いした時、小柄で穏やかな様に意表を突かれてしまった。美しく髪がセットされ、薄化粧を施した上品な方。ただ、ひとたび語り始めれば、山形訛《なま》りの素朴なイントネーションで和ませてくれるし、愛嬌もある。これぞ人を寛がせる達人というものか——。

館内に展示されている「おしん　辛抱」と書かれたらくやき

幸子大女将はもてなしてきたお客との交流を克明に記憶しているが、そのなかでも特別な存在が二人いる。

ひとりは数多のテレビドラマや舞台を世に送り、昭和四十年代に放送された、温泉旅館の女将を主人公にしたドラマ「細《ほそ》うで繁盛記」シリーズで爆発的な人気を博した脚本家・花登筐。もうひとりは「おしん」「おんな太閤記」「渡る世間は鬼ばかり」等でお茶の間をわかせ、令和三（二〇二一）

年四月四日に亡くなった脚本家の橋田壽賀子《すがこ》だ。それぞれ一時代を築き、生涯を通して物語を紡ぎ続けた人物である。

幸子大女将は花登と橋田との思い出を喜々として、時には寂しそうに話してくれた。

売れっ子脚本家の執筆を支えて

幸子大女将が初めて花登に会ったのは「細うで繁盛記」の放送三回目が終わった頃。この日、とある会合に出席していた花登は、歯痛で機嫌も悪く、仏頂面《ぶっちょうづら》だった。幹事から「頼む、花登の相手をしてくれないか」と泣きつかれ、幸子大女将は「古窯」に美空ひばりがやって来た時のエピソードや旅館の裏話をして花登の気持ちを和らげた。

その直後から花登と幸子大女将の交流が始まった。花登は「古窯」に来ては、二週間ほど滞在して脚本を執筆した。幸子大女将は花登のために「細うで繁盛記の間」を作り、ベテランの仲居を花登に付け、万全のサービスを心がけた。

当時はメールもファックスもなく、原稿は手書きの時代だ。花登が原稿を完成させる頃合いを見て、仲居が原稿を取りに部屋を訪ねる。

「早すぎても、遅すぎても怒られるんです。『午後三時に取りに来い』と言われたなら、指定の時間きっちりに仲居を行かせました。先生はお昼を食べずに原稿に没頭していまし

橋田壽賀子（中央）と、古窯の大女将、女将（宿提供）

たから、原稿を受け取った時に、仲居から先生の好物のうな重を渡しました。先生は、『女将だな』と、にやっと笑ったそうです」

　脚本を完成させ、安堵とともに空腹を覚えたその時に差し入れられる好物の昼食。このタイミングの見事さ、女将の計らいに花登ならずとも感心するしかない。

　幸子大女将が花登の執筆を支えたのは、創作に苦しむ姿を見ていたから。

「先生はね、眠くなると、手の甲に針を刺すんです。それでも眠気が襲ってくると、ろうそくに火をつけて、ロウを手の甲に垂らしたりして、本当に辛い思いをしながら書いていました。原稿を書き上げると、『僕は一人なら脚本だけ書いていればいいが、劇団の役者の面倒を見る

責任がある』という言葉が耳に残っています」

　花登との交流は濃く深かった。「古窯」が銀座に、山形の郷土料理の店を出す際には店内のインテリアをコーディネートした。

　そんな花登は晩年、放送を開始したばかりのＮＨＫ連続テレビ小説「おしん」を観て、「あの子は伸びるよ」と脚本の橋田壽賀子を絶賛した。結局、花登は橋田に直接会うことはないまま亡くなる。幸子大女将が、花登の言葉を橋田に伝えると、「私は花登先生のシナリオを読んで学んだんです」と橋田は感激していたという。

「おんなは度胸」のヒロインは幸子大女将がモデル

「十八歳で疎開した時に最上川を見て、必ず、ここを舞台に書くと決意した」と橋田が折にふれて話していたことは、つとに知られている。

　その橋田が最初に「古窯」を訪れたのは、ＮＨＫの職員とともに「おしん」の撮影地を探すためだった。この時に書かれた「おしん　辛抱」というらくやきは、いまも館内に展示してある。

　その後も、橋田と「古窯」の交流は続いたが、関係性がさらに深まったのは、「旅館を舞台に作品を書こうと思っている。旅館の内情を聞かせてほしい」と、橋田が友人と連れ

立って幸子大女将を訪ねてきた時だ。

橋田は、ＮＨＫのディレクターから幸子大女将の著書『からっぽの金庫から』を渡され、温泉旅館に興味を持ち、構想を練っていた。

その晩に橋田、友人、幸子大女将と三人で三時間ほど喋りながら夕食を摂った。メニューは「古窯」名物の米沢牛ステーキ。橋田は牛肉と棒鱈《ぼうだら》漬けを好んだ。

幸子大女将は女将としての苦労話やスタッフを束ねることの難しさを語った。「古窯」で実施していた「社員開発銀行」についても幸子大女将は包み隠さず話し、橋田は耳を傾けた。「社員開発銀行」とは、社員の経歴や得意分野が記された紙を壁一面に掲示しておき、旅館内で困ったことが起きた時に、どの社員を頼ればいいか一目でわかるようにしていたというもの。「社員だから、無利息・無担保です」と微笑んだ。

翌朝、橋田の友人が「橋田さんが、『ひらめいた』『これで書ける』と言っていたよ」と教えてくれた。平成四（一九九二）年に放送された連続テレビ小説「おんなは度胸」の骨格が固まったのは「古窯」での一夜の会話だったのだ。

「おんなは度胸」の撮影が始まる前に、橋田は女将役のヒロイン・泉ピン子を連れて、「古窯」を再訪した。そして泉に幸子大女将を紹介し、「この方がモデルだから、この方から女将の所作を学んで」と言った。泉は丸三日、幸子大女将から離れず、女将としての在り方を吸収した。

「放送されたドラマを観て、私が漏らしたこんな小さな話を、よくもあんなに膨らませられるなんて、橋田先生は魔術師だと思いました」と、幸子大女将はいまでも目を丸くする。ドラマのなかで、女将の泉ピン子が、休憩中に寛ぐシーンがある。その様子は、幸子大女将がこれまで決して表に出してこなかった部分だった。「橋田先生にすぐに電話して、『髪のウィッグをとって洋服に着替えた姿なんて、これ以上見せないでください。謎めいていたほうがいいんだから』と言いますと、『あら、もう撮影はすべて終えているの……』と返されました」

また橋田には豪快な一面もあった。「放送が終わって少し時間が経ってから、『視聴率が良かったの、ありがとう』と、訪問着と金の糸で織られた豪華な帯の正式な和装一式が届きました」と幸子大女将はその時の驚きと嬉しさを振り返る。

一方で幸子大女将は、橋田が手がけるドラマを観る度に、その感想を手紙にしたためた。橋田からも、「そんなふうに観ていてくれて、嬉しいわ」とすぐに達筆な返信が届いた。「橋田先生はとてもマメな方でした。橋田先生が海外にお出かけになると、よく現地から珍しいお土産を送ってくださったのですが、梱包もすべて橋田先生自身がしてくださっていました」

橋田は熱海の自宅に幸子大女将を招き、一緒に花火大会を観たり、橋田家の庭で採れた大根を「古窯」に送ってきたこともある。「『女優さんに送ると嫌がられるから』って。そ

れを大根めしにしてお客様に出しますと、喜ばれました」

幸子大女将が実行委員長を務めた「全国旅館おかみの集い」で橋田が基調講演をした時は、その日の深夜零時に、「『相談がある』と部屋に呼ばれまして、『食べられない脚本家のための財団を作りたい』というお話でした。私もありとあらゆる人脈を駆使しまして、先生にご協力しました」。

それが後の「橋田文化財団」設立に繋がる。こうして、橋田が亡くなる直前まで幸子大女将との交流は続いた。

二五年書き続けて摑んだ「温泉の真理」

ともに長きにわたって幸子大女将と交流してきた花登と橋田だが、それぞれにスタンスは異なる。

直筆で原稿を書くという肉体労働の一面も含めて、執筆の苦労をさらけ出し、丸ごと幸子大女将と向き合った花登。

橋田は執筆の苦労の姿は見せず、あくまで作品の題材を求め、幸子大女将から話を聞き出した。

そのような対比はあるにせよ、共通しているのは幸子大女将への深い信頼である。

幸子大女将の話は実に面白い。あけっぴろげに、日常や旅館業の裏側まで話してくれる。しかも、お客の嫌がる話は決してしない。山形訛りのリズムが、気難しい相手でも心を開かせる。それこそが女将の大切な才能と言えよう。

それはきっと、花登や橋田に限ったことではなく、お客すべてにこのような安心感を与えていたに違いない。これぞ伝説の女将たる所以《ゆえん》——。

そこに私は二五年間、温泉を書き続けてきた身として「温泉の真理」を加えたい。

温泉の真理——、それは「日本人はひとたび温泉に入り、浴衣に着替えればただの人。社会的立場や、鎧を脱ぎ捨て、素顔をさらすことができるのは温泉宿しかない」ということだ。

日頃、ベールに包まれたスター達が素顔をさらしたのは、もちろん温泉がもたらす効果もあるが、それ以上に、心から信頼できる「人」がその宿にいたからなのだ。

花登筐（はなと・こばこ）
本名：花登《はなと》善之助《ぜんのすけ》
昭和3（1928）年3月12日～昭和58（1983）年10月3日

橋田壽賀子（はしだ・すがこ）
本名：岩崎《いわさき》壽賀子《すがこ》
大正14（1925）年5月10日～令和3（2021）年4月4日

あとがき　あの湯宿で〝裸〟になったスターたち

本書に出てくるスターたちは、今も日本人の心に生きている。

本書は月刊『潮』で二年間連載した「宿帳拝見――『あの人』が愛した湯」をまとめたものだが、連載中は、驚かされることばかりだった。

例えば西城秀樹が福島県猪苗代温泉「ホテルリステル猪苗代」で開催したファンミーティングを綴った回（第1話参照）の掲載直後の反響だ。

かねてより、ツイッター（当時。現・X《エックス》）で西城秀樹の名前がトレンドに挙がってくることは知っていた。西城秀樹の出演番組が再放送される時には、ほぼ必ず話題になった。たまたま西城秀樹の回の原稿が掲載されるタイミングが、亡くなって六年が経つ命日に近かったこともあり、今も西城秀樹を愛する多くのファンに届くように、雑誌発売前から「ホテルリステル猪苗代」と編集部と私とでツイッターで掲載の告知をすると、ファンの間で情報が拡散していった。

　雑誌が発売されると、「ホテルリステル猪苗代」からは「あの時のファンミーティングに参加された方が雑誌をご覧になって、西城さんを偲《しの》んで再訪したいとお電話を頂きまし

た」という一報に始まり、編集部には丁寧な感想が綴られた直筆の手紙やメールが送られてきた。私の元には、「一五年ぶりにホテルリステル猪苗代でファンの集いをしようかと考えている」とファンの方から連絡があった。

今も、日本人の心に生き続けるスターの逸話を書かせて頂いているのだ。

故人を切望する人に、在《あ》りし日のスターの姿を届けようと、より一層、スターの人柄に迫り、意外性あるエピソード探しに躍起になった。

宿のオーナーや女将の直言力には目を見張った。

静岡県天城湯ヶ島温泉「白壁（旧・白壁荘）」のロビーで、「天城越え」の歌詞で著名な作詞家・吉岡治が寛《くつろ》いでいたところ、大女将の宇田倭玖子《いくこ》さんは、こう問うた。

「『あなたを殺して……』って、どうしてあんな怖い歌詞を書いたの？」と。

すると吉岡治がその理由を率直に語ってくれたというから、大女将の直言力の賜物《たまもの》である。吉岡治からの回答は、第9話をご確認いただきたい。

同じく直言力という点で、印象に残ったものの本編では触れられなかったのが、旅館の神様として、業界では圧倒的な存在感を示す「由布院 玉の湯」会長の溝口薫平さんと昭和を代表する文芸批評家・小林秀雄のケースである。

旅館の神様は、小林秀雄にこう尋ねた。

「あなたの書いている文章は、みんな難しいって言っていますよ。なぜ、あんなに難しく書くんですか」と。

対して、小林秀雄はキリリとした口調で言い放った。

「こっちは、わからないように工夫しているんだ。練って出している。流行作家のように簡単に読まれちゃかなわない」

小林秀雄に「あなたの文章は難しい」と言えたのは、旅館の神様だけではないか。

その小林秀雄と薫平さんが由布岳の麓《ふもと》を散策する写真を見せてもらったことがあるが、なんとも柔和な表情をした小林秀雄が、爽やかに由布岳の風に吹かれていた。

多くの取材で、宿のオーナーや女将とスターたちの心の距離の近さに息を呑んだが、だからこそスターたちは素顔をさらし、裸になれたのだろう。

昭和の湯宿とは、日本人にとってそういう素の自分をさらけだせる場所だったし、宿もそれを受け止めたことで、濃密な人間関係ができあがった。


本書に出てくるエピソードの多くは三〇年、四〇年前の出来事である。お話をしてくださった皆さんの記憶が曖昧だったのは事実だった。一様に「初めて話す」とおっしゃった。それ程までに訊かれることがなかったのだろう。

行き慣れた宿でも、取材の際には私は必ず宿泊した。初日にした質問の答えが、翌日に

返ってくることが多かったからだ。

「山崎さんにそう訊かれて、思い出したの」と、とつとつと語り始める女将。「そうそう、こんなものがしまってあったわ」と、箪笥の奥に眠っていたのだろう、少し埃《ほこり》がかぶった写真や直筆の手紙やサインが出てきたりした。

たいがい取材二日目は、思い出の品を見ながら、宿のオーナーや女将はしみじみした表情をして遠くを見た。その先にはスターの面影があったのだろう。

「玉の湯」の溝口薫平さんが小林秀雄との思い出を語ってくださったのも、やはり二日目の昼さがり。チェックアウトを終えた静かな「玉の湯」のロビーで、昭和三（一九二八）年製造の蓄音機でモーツァルトをかけながら、暖炉を前にして、ぱちぱちと薪が燃える様子を眺めつつ、薫平さんはゆっくりと回想された。小林秀雄をはじめとした多くの文化人と、暖炉の前で語り合ったとおっしゃっていた。

今にして、本原稿を書くにあたっての最も大きな仕事は、取材対象者の記憶の奥にしまわれていた事実を探し、そして共に史実をたぐり寄せる作業だったと思う。

*

本書のテーマは「昭和」という時代を温泉地や宿という場所から描くことだ。

なぜなら、湯宿は時代を顕著に表す場所だから。

本書のエピソードを挙げながら昭和を振り返ってみたい。

昭和の初期、湯宿は地域の名士が営《いとな》んでいた。経済的に豊かだった湯宿のオーナーたちは文化芸術を支援した。よって文化人にとって温泉地や湯宿は創作の場となった。

静岡県伊豆半島の中伊豆はその最たる場所である。明治から大正、昭和初期にかけて、梶《かじ》井《い》基次郎《もとじろう》や川端康成など多くの文人たちによってサロン化された。そのような背景から、昭和二十九（一九五四）年に開業した湯ヶ島温泉「白壁」は、「ものを書くための宿」として文筆家を支えた。土地特有の「私雨」は内省を生み、創作意欲につながった（第9話参照）。

巷で良く聞く〝文豪が愛した宿〟とは、こうした背景から生まれた。

大正時代から創作活動をしていた北大路魯山人と山代温泉の当時の〝おあんさん〟（湯宿の旦那衆）の交流を描いたが（第19話参照）、金銭的な余裕があり、趣味人だった〝おあんさん〟の豊かな教養が、まだ無名だった魯山人の才能とその価値を見出した。

こうした文化芸術のスポンサードをすることが湯宿のステータスに繋がった。

湯宿の名士たちが支援したのは文化芸術だけではなく、政治家も含まれる。時に後援会に属したり、あるいはオーナー自身が地域の町長を兼ねた宿も少なくない。

湯宿と政治家の関わりは、第5話の田中角栄と渡部恒三のエピソードとして取り上げたが、福島県会津東山温泉「向瀧」のオーナーは渡部恒三の後援会長を務めていた。渡部恒三が「会津の者が、『いずれ偉くなって、向瀧に泊まれるようになりたい』と思う旅館なん

だよ。だから角さんを連れてきたんだ」と語った通り、「向瀧」は地域の憧憬《どうけい》の対象だった。

「向瀧」は、江戸時代末期に会津藩主から「狐湯」を受け継いだ格式ある宿である。

しかし第二次世界大戦後、連合軍占領下で「向瀧」は接収され、米軍兵士が駐留することとなった。

残された当時の写真を見ると、提灯が飾られた舞台のある座敷に、軍服姿のアメリカ人六人が靴を履いたまま舞台に腰かけ、その周りを着物姿の日本人女性が囲み、みなに微笑がこぼれている。クリスマスツリーらしきものが飾られてあるから、冬なのだろう。

宿の伝統を知らず、土足で上がってくる者たちを接遇しなければならない、複雑な事情と感情が伝わってくるが、数十年後には駐留した軍人が「向瀧」を再訪し、その後も交流があったというから、これもまた湯宿のなせる業《わざ》なのだろう。

終戦からしばらくが経ち、昭和三十年頃からの約二〇年間、日本が最も勢いづいた高度経済成長期――、旅行形態の主流は団体旅行だった。

石原裕次郎と渡哲也らの石原軍団が冬に福井のあわら温泉へ蟹を食べにやってきたのは(第11話参照)、まさに慰安旅行である。浴衣の裾がはだけ、組んだ左足が見えている裕次郎と、隣でねじり鉢巻きをしてカラオケを歌う渡哲也の写真、そして裕次郎が饒舌《じょうぜつ》に歌を解説する音源が残っているが、男の色気そのものだ。毎年訪問するようになり、湯宿の

オーナー一家と家族ぐるみの付き合いになり、ついには渡哲也が先代の息子（現社長）の結婚式で「礼節をわきまえることの大切さ」を唱えるスピーチをするまでに至るこの濃密さこそ、ひとつの極致だろう。

昭和の夏と冬の風物詩として知られた映画「男はつらいよ」は、昭和四十四（一九六九）年に第一作が公開され、シリーズ第四八作まで二五年以上もの間、愛され続けた。

私は「男はつらいよ」を好んでよく観る。

それは笑って、泣けるからだ。

あれほど温かい涙を流せる作品には、あまり巡り合えない。

主人公の寅さんは弱い立場の人にめっぽう優しい。決して自身が弱者を救える程、強くはないにもかかわらずだ。ただ、そこには色恋が絡み、おうおうにして余計なおせっかいだったりするから、笑いが巻き起こる。

笑いながらも、そういったおせっかいや、人を慈《いつく》しむ気持ちや、利他《りた》の精神が今や失われつつあることに気づき、それらが鮮やかに映し出されているからこそ、泣けてくる。

「男はつらいよ」は何度となく温泉地を舞台にしているが、本書では、主演の渥美清のエピソードが最も印象的な佐賀県古湯温泉「鶴霊泉」を選んだ（第15話）。

自身が動くことが辛《つら》い程、病に侵されながらも、世話になった宿のスタッフだけに、と

っておきの〝車寅次郎〟を演じた渥美清は粋の極み、昭和を代表する喜劇俳優なのだ。

湯宿を「我がこわもとが癒やされる場所」と評したのは映画監督の大林宣彦だ（第14話参照）。

私も同感である。温泉では身も心もほどけ、たゆたってほしい。

しかし近年まで、とかく、湯宿は「遊興の場」として扱われてきた。そのような見方は、宴会を目的とした団体旅行が主流だった時期に植え付けられていったように思う。

温泉における「遊興の場」は、ひとつの側面でしかない。

そもそも西洋医学が入る前、日本人にとって温泉は薬であり、湯治をして身体を整えた。日本人のど真ん中に温泉があり、温泉を提供するのが湯宿である。その湯宿の尊さを本書で示したかった。

ご存知だろうか、現在、「温泉文化」をユネスコ無形文化遺産に登録する機運が高まってきていることを。日本が誇る温泉文化が世界に認められようとしているのだ。

その温泉文化に最も触れることができる湯宿は、時代を映す場であり、日本人にとっての要であってほしいと、心から願う。

＊

二〇二五年は昭和一〇〇年となる。

明るく華やかで、いつも前を向いていた、人情に満ちたあの昭和を懐かしみたい。

スターと過ごした時間は「人生で一番輝いた時だった」とおっしゃる若旦那。雑誌連載掲載後に「私たちは日本旅館を守り抜いていきます」と、決意のお便りをくださった女将。「心の中だけだったものが、形となりとっても嬉しいです」という感想と共にスターの家族との交流が再開したと知らせてくださった方もいる。

取材対象者と密なる関係で本書を書き上げられたことに、心からの感謝と共に、物書きとしてこの上ない幸せを感じている。一五年以上抱えてきたライフワークというべきテーマを結実させることができた。

南伸坊さんは本書の意図を汲み取ってくださり、装丁で「昭和のスターたち」を存分に描いてくださった。また、連載時の担当から本書制作まで、潮編集部の堀田知己さんには懇切丁寧な仕事をして頂いた。

本書にお付き合い頂きました湯宿をはじめとする全ての関係者の皆様に、篤く御礼を申し上げます。

山崎まゆみ

「昭和100年年表」 元年～51年

元号	昭和通し年／西暦	出来事
昭和	元年（1926）	大正天皇崩御（12月25日に「昭和」に改元）
	2年（1927）	上野―浅草間に東洋初の地下鉄開通
	3年（1928）	NHKラジオで、ラジオ体操と大相撲中継の放送開始
	5年（1930）	銀座三越開店
	7年（1932）	五・一五事件 チャールズ・チャップリンが初来日
	8年（1933）	宮沢賢治死去。翌年、『銀河鉄道の夜』『風の又三郎』発刊
	11年（1936）	二・二六事件
	14年（1939）	第二次世界大戦勃発
	16年（1941）	日本軍による真珠湾攻撃で太平洋戦争開戦
	20年（1945）	広島・長崎に原爆投下　太平洋戦争終結
	23年（1948）	笠置シヅ子「東京ブギウギ」が大ヒット
	24年（1949）	美空ひばり「悲しき口笛」リリース
	25年（1950）	朝鮮戦争勃発
	26年（1951）	NHKラジオで第一回紅白歌合戦
	28年（1953）	テレビ放送スタート

昭和	
32年（1957）	「嵐を呼ぶ男」（主演＝石原裕次郎）が大ヒット／映画「雪国」（原作＝川端康成）公開／高度経済成長期突入
33年（1958）	東京タワー開業
35年（1960）	安保闘争激化／「ダッコちゃん」人形が大ブーム
37年（1962）	バービー人形が日本で発売スタート
38年（1963）	ケネディー米大統領暗殺
39年（1964）	東京オリンピック開催
41年（1966）	ザ・ビートルズが来日し日本武道館で公演。内田裕也、ザ・ドリフターズらが前座を務める
43年（1968）	作家・川端康成がノーベル文学賞を受賞
44年（1969）	映画「男はつらいよ」（監督＝山田洋次、主演＝渥美清）第一作が公開／TBSで「8時だョ！全員集合」放送スタート／ジョン・レノンとオノ・ヨーコ（小野洋子）が結婚
45年（1970）	国鉄（現・JR）が観光キャンペーン「ディスカバー・ジャパン」をスタート／大阪万博開催／日本テレビ系列でドラマ「細うで繁盛記」（原作・脚本＝花登筐）放送スタート
47年（1972）	沖縄本土復帰／札幌冬季オリンピック開催／作家・川端康成が自殺／日本テレビ系列でドラマ「太陽にほえろ！」が放送スタート
51年（1976）	ロッキード事件発覚　田中角栄前首相逮捕

「昭和100年年表」 54年〜100年

世代	昭和通し年／西暦	出来事
昭和	54年（1979）	西城秀樹「YOUNG MAN（Y.M.C.A.）」リリース／「ウォークマン」発売
	55年（1980）	ジョン・レノン暗殺／「ゲーム&ウオッチ」「ルービックキューブ」発売
	56年（1981）	フジテレビ系列でドラマ「北の国から」（主演＝田中邦衛）放送スタート／NHKでドラマ「夢千代日記」（作・脚本＝早坂暁、主演＝吉永小百合）放送スタート
	57年（1982）	映画「海峡」（監督＝森谷司郎、主演＝高倉健）公開
	58年（1983）	国鉄（現・JR）が「フルムーン」キャンペーンをスタート／NHK連続テレビ小説「おしん」（脚本＝橋田壽賀子）放送スタート
	60年（1985）	科学万博つくば開催
	61年（1986）	バブル景気始まる／石川さゆり「天城越え」がリリース
	63年（1988）	青函トンネル開業
	64年（1989）	昭和天皇崩御（1月8日に「平成」に改元）／東西冷戦終結／美空ひばり「川の流れのように」リリース／映画「ブラック・レイン」公開
平成	66年（1991）	ソビエト連邦崩壊

元号	年	出来事
平成	67年（1992）	NHK連続テレビ小説「おんなは度胸」（脚本＝橋田壽賀子）放送
平成	70年（1995）	阪神・淡路大震災／地下鉄サリン事件発生
平成	73年（1998）	長野冬季オリンピック開催
平成	76年（2001）	アメリカ同時多発テロ発生
平成	80年（2005）	愛知万博開催
平成	83年（2008）	リーマンショック（世界金融危機）発生
平成	86年（2011）	東日本大震災・福島第一原発事故発生
平成	87年（2012）	東京スカイツリー開業
平成	91年（2016）	熊本地震発生
令和	94年（2019）	天皇退位、新天皇即位（5月1日に「令和」に改元）
令和	95年（2020）	新型コロナウイルスが全世界で大流行
令和	96年（2021）	東京オリンピック開催
令和	99年（2024）	能登半島地震発生／旧田中角栄邸が火災により焼失
令和	100年（2025）	

参考文献（著者五十音順）

赤塚隆二『清張鉄道1万3500キロ』文春文庫
渥美清『きょうも涙の日が落ちる：渥美清のフーテン人生論』展望社
天沢退二郎、栗原敦、杉浦静編集『図説　宮澤賢治』ちくま学芸文庫
井上靖『しろばんば』新潮文庫
開高健『地球はグラスのふちを回る』新潮文庫
片岡たまき『あの頃、忌野清志郎と：ボスと私の40年』ちくま文庫
川端康成『雪国』新潮文庫ほか
川端康成『伊豆の踊子』新潮文庫ほか
木本美紀『蒼い空へ：夫・西城秀樹との18年』小学館
郷原宏監修『別冊太陽・太陽の地図帖　松本清張 黒の地図帖
昭和ミステリーの舞台を旅する』平凡社
小林信彦『おかしな男 渥美清』ちくま文庫
佐藤幸子『からっぽの金庫から』ネオ書房
篠原靖治『最後の付き人が見た渥美清最後の日々：「寅さん」一四年間の真実』祥伝社黄金文庫

志村けん『志村流―当たり前のことが出来れば、仕事も人生も絶対に成功する』王様文庫
新潮文庫編『文豪ナビ松本清張』新潮文庫
帝国書院編集部『地図で読む松本清張』帝国書院
蓮實重彦『監督小津安二郎〔増補決定版〕』ちくま学芸文庫
松田美智子『越境者松田優作』新潮文庫
松本清張『点と線』新潮文庫、文春文庫
松本清張『湖底の光芒：松本清張プレミアム・ミステリー』光文社文庫、講談社文庫
松本清張『影の車：松本清張プレミアム・ミステリー』光文社文庫、中公文庫、角川文庫
松本清張『Dの複合』新潮文庫
宮沢賢治『ちくま日本文学　宮沢賢治』ちくま文庫
村上春樹、安西水丸『村上朝日堂』新潮文庫
八千草薫『まあまあふうふう。』主婦と生活社
柳澤徳一『柳澤徳一の手紙：小津安二郎記念館「無藝荘」初代火代番』
山下清『日本ぶらりぶらり』ちくま文庫
山下浩監修『別冊太陽　山下清』平凡社
山田和監修『別冊太陽　永遠なれ魯山人』平凡社

山田和『知られざる魯山人』文春文庫
「天城越え」（松本清張『黒い画集』新潮文庫、『マイ・ベスト・ミステリー5』文春文庫、『松本清張映画化作品集3　遭難』双葉文庫ほか所収）
『新潮日本文学アルバム　松本清張』新潮社
『新潮日本文学アルバム　宮沢賢治』新潮社
「蓼科日記」刊行会編『蓼科日記 抄』小学館スクウェア
『文藝別冊　ジョン・レノン フォーエバー』河出書房新社
『松田優作クロニクル』キネマ旬報社
『宮沢賢治万華鏡』新潮文庫、『宮沢賢治全集6』ちくま文庫

参考資料（CD）

「石原裕次郎・渡哲也　プライベート2」テイチクエンタテインメント

参考資料（映画、テレビ）

「男はつらいよ　ぼくの伯父さん」（監督＝山田洋次）
「海峡」（監督＝森谷司郎）
「影武者」（監督＝黒澤明）
「新日本風土記　松本清張　昭和の旅」（ＮＨＫ　ＢＳプレミアム）

京都亀岡　湯の花温泉　すみや亀《き》峰《ほう》菴《あん》
京都府亀岡市ひえ田野町柿花宮ノ奥25
Tel：0771-22-7722
JR亀岡駅（嵯峨野線）より車で約15分（無料送迎バスあり・要予約）／京都縦貫自動車道・亀岡ICより車で約10分

南三陸ホテル観洋
宮城県本吉郡南三陸町黒崎99-17
Tel：0226-46-2442
陸前戸倉駅（気仙沼BRT）より送迎車で約5分／三陸自動車道桃生津山ICから車で約20分または東北自動車道一関ICから約90分（仙台駅東口から無料シャトルバスあり）

穴原温泉　匠のこころ　吉川《よしかわ》屋《や》
福島県福島市飯坂町湯野字新湯6
Tel：024-542-2226
飯坂温泉駅（福島交通飯坂線）からタクシーで約5分（無料送迎バスあり・要予約）またはJR福島駅からタクシーで約30分／東北自動車道・福島飯坂ICから約12分

伊豆天城湯ヶ島温泉　白壁《しらかべ》
静岡県伊豆市湯ケ島1594
Tel：0558-85-0100
修善寺駅（伊豆箱根鉄道駿豆線）からバスで「湯ヶ島」下車、そこから送迎バスあり（予約不要）／伊豆縦貫自動車道・月ヶ瀬ICより約10分

龍飛崎温泉　ホテル竜《たっ》飛《ぴ》
青森県東津軽郡外ケ浜町三厩龍浜54-274
Tel：0174-38-2011
JR奥津軽いまべつ駅（北海道新幹線）から車で30分（無料送迎バスあり・要予約）／東北自動車道・青森ICより車で約90分

信州高山温泉郷　山田温泉　風景館
長野県上高井郡高山村大字奥山田3598
Tel：026-242-2611
小布施駅（長野電鉄）より無料送迎バスで約25分。または須坂駅（同）より路線バスで約25分／上信越自動車道・須坂長野東ICから約25分

ホテル・旅館一覧

ホテルリステル猪苗代
福島県耶麻郡猪苗代町大字川桁リステルパーク
Tel：0242-66-2233
JR猪苗代駅（磐越西線）より無料送迎シャトルバスで15分（要予約）／磐越自動車道・猪苗代磐梯高原ICから10分

光風《こうふう》湯圃《ゆでん》べにや
福井県あわら市温泉4-510
Tel：0776-77-2333
JR芦原温泉駅（北陸本線）よりタクシーで約10分またはあわら湯のまち駅（えちぜん鉄道）より徒歩5分（無料送迎あり）／北陸自動車道・金津ICより車で約15分

湯村温泉　ゆけむりの宿　朝野家《あさのや》
兵庫県美方郡新温泉町湯1269
Tel：0796-92-1000
JR浜坂駅（山陰本線）よりバスで約25分／北近畿豊岡自動車道・八鹿・氷ノ山ICより車で約45分

奥多摩・松乃温泉　水香園《すいこうえん》
東京都西多摩郡奥多摩町川井640
Tel：0428-85-2221
JR川井駅（青梅線）より徒歩10分／圏央道・青梅ICより車で約30分（青梅街道～国道411号線経由）

会津東山温泉　向瀧《むかいたき》
福島県会津若松市東山町大字湯本字川向200番地
Tel：0242-27-7501
JR会津若松駅（磐越西線）よりタクシーで約15分または周遊バスで「東山温泉駅」下車徒歩90秒／磐越自動車道・会津若松ICから約15分

源泉かけ流しの湯　御宿　さか屋
静岡県伊豆市吉奈101
Tel：0558-85-1100
修善寺駅（伊豆箱根鉄道駿豆線／JR直通特急踊り子号）よりタクシー15分またはバス20分／東名高速道路（または新東名高速道路）・沼津ICより車で約45分（伊豆縦貫道～伊豆中央道～修善寺道路経由）

山代温泉　あらや滔々庵《とうとうあん》
石川県加賀市山代温泉18-119
Tel：0761-77-0010
JR加賀温泉駅（北陸本線）より車で約10分（送迎バスあり）／北陸自動車道・加賀ICより車で約15分、片山津ICより約20分

南房総　千倉温泉　千倉館《ちくらかん》
千葉県南房総市千倉町南朝夷1045
Tel：0470-44-3211／0120-373261
JR千倉駅（内房線）より車で約5分（送迎サービスあり）／富津館山道路・富浦ICより車で約30分。あるいは外房黒潮ライン〜国道40号線経由

蓼科《たてしな》親湯《しんゆ》温泉
長野県茅野市北山蓼科高原4035
Tel：0266-67-2020
JR茅野駅（中央本線）より無料送迎バスで約30分（要連絡）／中央自動車道・諏訪ICより車で30分、上信越自動車道・佐久ICより車で70分

雪國の宿　高半《たかはん》
新潟県南魚沼郡湯沢町湯沢923
Tel：025-784-3333
JR越後湯沢駅（上越新幹線）より車で約5分（送迎あり・要連絡）／関越自動車道・北陸自動車道・上信越自動車道・湯沢ICより車で約6分

湯めぐりの里　大沢温泉
岩手県花巻市湯口字大沢181
Tel：0198-25-2021
JR新花巻駅（東北新幹線）よりタクシーで約35分、JR花巻駅（東北本線）よりバスで約30分（無料シャトルバスあり）／東北自動車道・花巻南ICから約15分（県道12号線経由）

日本の宿　古窯《こよう》
山形県上山市葉山5-20
Tel：0570-00-5454
JRかみのやま温泉駅（山形新幹線、奥羽本線）より無料定期バスあり

ホテル・旅館一覧

いわき湯本温泉　雨情の宿　新つた

福島県いわき市常磐湯本町吹谷58
Tel：0246-43-1111
JR湯本駅（常磐線）より徒歩約7分（無料送迎バスあり・要予約）／常磐自動車道・いわき湯本ICより車で約10分

上牧温泉　温もりの宿　辰巳館

群馬県利根郡みなかみ町上牧2052
Tel：0278-72-3055
JR上毛高原駅（上越新幹線）よりタクシーで約7分またはJR上牧駅（上越線）より徒歩5分（送迎あり）／関越・北陸・上信越自動車道・水上ICから車で約3分

由布院 玉の湯

大分県由布市湯布院町大字川上2731-1
Tel：0977-84-2158
JR由布院駅（久大本線）あるいは由布院駅前バスセンター（福岡空港から高速バス）より徒歩約15分、タクシーで約3分／大分自動車道・湯布院ICより車で約10分

鶴の恩返し　よみがえりの宿　鶴霊泉《かくれいせん》

佐賀県佐賀市富士町古湯875
Tel：0952-58-2021
JR佐賀駅（長崎本線）からタクシーで約30分または路線バスで「古湯温泉」下車（約46分）／九州自動車道・佐賀大和ICから15分

法師温泉　長寿館

群馬県利根郡みなかみ町永井650
Tel：0278-66-0005
JR上毛高原駅（上越新幹線）より猿ヶ京行きバス終点（約30分）で下車、法師温泉行きバスに乗り換え「法師温泉」で下車（約20分。午前・午後各2便のみ）／関越自動車道・月夜野ICより国道17号〜県道261号線線経由約32分

小野川温泉　宝寿の湯

山形県米沢市小野川町2584
Tel：0238-32-2214
JR米沢駅（山形新幹線、奥羽本線、米坂線）よりバスで25分（送迎バスあり・要確認）

丸沼温泉　環《かん》湖《こ》荘《そう》

群馬県利根郡片品村東小川4658-7
Tel：0278-58-2002
JR上毛高原駅（上越新幹線）より関越バスで「鎌田停留所」まで約90分、「鎌田停留所」より「環湖荘停留所」まで約30分／関越自動車道・沼田ICより車で約60分

本書は、月刊『潮』二〇二二年一月号から二〇二四年一月号まで連載された「宿帳拝見『あの人』が愛した湯」に加筆修正したうえで再構成したものです。

山崎まゆみ（やまざき・まゆみ）

エッセイスト、ノンフィクションライター。1970年、新潟県長岡市生まれ。跡見学園女子大学兼任講師（観光温泉学・観光取材学）。国内のみならず世界33カ国、1000カ所以上の温泉を訪ね、日本の温泉文化の魅力を伝えている。『白菊 -shiragiku- 伝説の花火師・嘉瀬誠次が捧げた鎮魂の花』『バリアフリー温泉で家族旅行』シリーズ、『女将は見た　温泉旅館の表と裏』、『温泉ごはん　旅はおいしい』など著書多数。国や地方自治体の観光政策会議にも参画している。NHKラジオ深夜便（毎月第4水曜日）出演中。

宿帳が語る昭和一〇〇年
――温泉で素顔を見せたあの人――

二〇二四年　六月五日　初刷発行
二〇二四年　十月五日　三刷発行

著　者――山崎まゆみ
発行者――前田直彦
発行所――株式会社　潮出版社
〒一〇二-八一一〇
東京都千代田区一番町六　一番町SQUARE
〇三-三二三〇-〇七八一（編集）
〇三-三二三〇-〇七四一（営業）
振替口座　〇〇一五〇-五-六一〇九〇
印刷・製本――中央精版印刷株式会社

ISBN978-4-267-02429-0 C0076
JASRAC 出 2403159-403

www.usio.co.jp

◆潮出版社の好評既刊

寄せ場のグルメ

中原一歩

山谷の酒場と鰻、川崎の大衆食堂、横浜の市民酒場、深川のめしや——都市の周縁で労働者が集まる「寄せ場」を訪ね歩き、人間の〝生〟を活写した異色のグルメルポ。

姥《うば》玉《たま》みっつ

西條奈加

江戸を舞台に、同じ長屋で暮らすことになった個性豊かな三人の婆たちの日常と、その周りで起こる悲喜劇をコミカルに描く。「女性の老後」をテーマにした長編小説。

裁判官 三《み》淵《ぶち》嘉《よし》子《こ》の生涯

伊多波碧

頑固な母と博識な父の元で育った嘉子は、男性社会の法曹界へ飛び込んでいく。日本で初の女性弁護士、裁判所長となった女性法曹の先駆者・三淵嘉子の生涯を描く。

無縁老人

高齢者福祉の最前線

石井光太

安心した老後を過ごしたい。誰もがそう願っている。そのはずなのに……。「誰ひとり取り残さない」と、福祉の最前線で立ち向かう人々の奮闘に迫る渾身のルポ。

大相撲の不思議1〜3

内館牧子

摩訶不思議な〝相撲の世界〟に「横審の魔女」が、愛を込めて浴びせ倒し！　読めば読むほど、知れば知るほど、目からウロコの角界の深遠な魅力が満載の好評シリーズ。